家庭でできる！

読み書きサポートブック

小学校中高学年
（3～6年生）

小池敏英　監修
成田まい・松尾麻衣　著

まんが　すぎやま かずみ

日本標準

はじめに

本書では、主に小学校3年生以降の子どもたちが、読み書きの学習でつまずき、困っている事例を取り上げ、そのサポートの方法について解説しています。

小学校低学年のときには、学習上の問題があまり見られなかった子どもでも、3年生くらいになると、学習内容がより抽象的に難しくなってくることによって、困難が目立ってくる場合があります。また、低学年のころから学習が苦手だった子どもは、より困難さが増してきているかもしれません。このように、学習上の困難さをもつ子どもであっても、専門機関で発達障害という診断を受けて何らかの支援を受けている場合もあれば、少し心配だけれど専門機関に相談するほどかどうかわからないといった場合もあるでしょう。そのため本書では、事例を障害によって明確に分けず、多くの子どもに見られる事例を取り上げています。一部分でも当てはまる部分があれば、参考にしていただきたいと思います。

小学校3年生くらいの子どもは、ギャングエイジとも呼ばれ、保護者や先生に対して反抗的になってくる年齢でもあります。また、高学年では第二次反抗期が始まる子どももいるでしょう。年齢が上がるにつれて、保護者が子どもの学習を見ようとしても、子どもが受け入れなくなることも多くなります。そんな中、保護者のみなさんは、わが子の学習にどうやって関わればいいのか、低学年のころ以上に悩むことも多いのではないでしょうか。

この年齢の子どもは、低学年の子どもと違って自分の意志や意見を強くもっている場合が多いので、大人から一方的に指示をするような対応は向きません。本書では、中高学年の発達段階もふまえた、家庭でできるサポートの例について解説しています。声掛けの仕方の例なども扱っているので、参考にしてみてください。

近年、読み書きが苦手な子どもの学習支援に関する研究が、少しずつ進んでいます。本書では、その成果からわかってきた支援の方法の中で、家庭でも取り入れやすいものを紹介しています。

時には学校の先生や専門機関の方々に相談したり協力をお願いしたりしながら、子どもがどこにつまずいて苦労をしていて、どのようなサポートをしていけばいいのか考えていきましょう。この本を通じて、読み書きに困っている子どもに、適切なサポートが届くことを願っています。

2024年12月

松尾麻衣

家庭でできる！　読み書きサポートブック　小学校中高学年（3～6年生）

『家庭でできる! 読み書きサポートブック 小学校低学年（1・2年生）』の紹介

『読み書きサポートブック　小学校低学年』も、参考にしてください！

この本の構成

保護者から相談が多い読み書きの心配ごとについて、まんがで紹介し、解説しています！

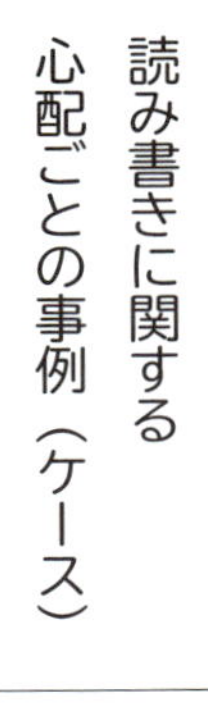

読み書きに関する心配ごとの事例（ケース）

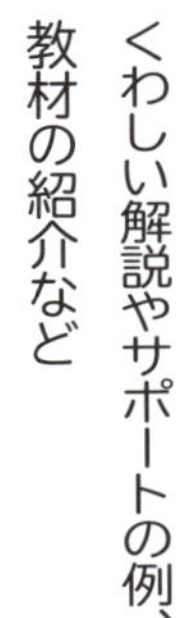

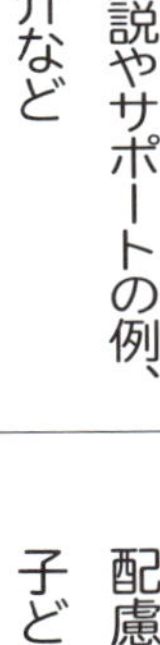

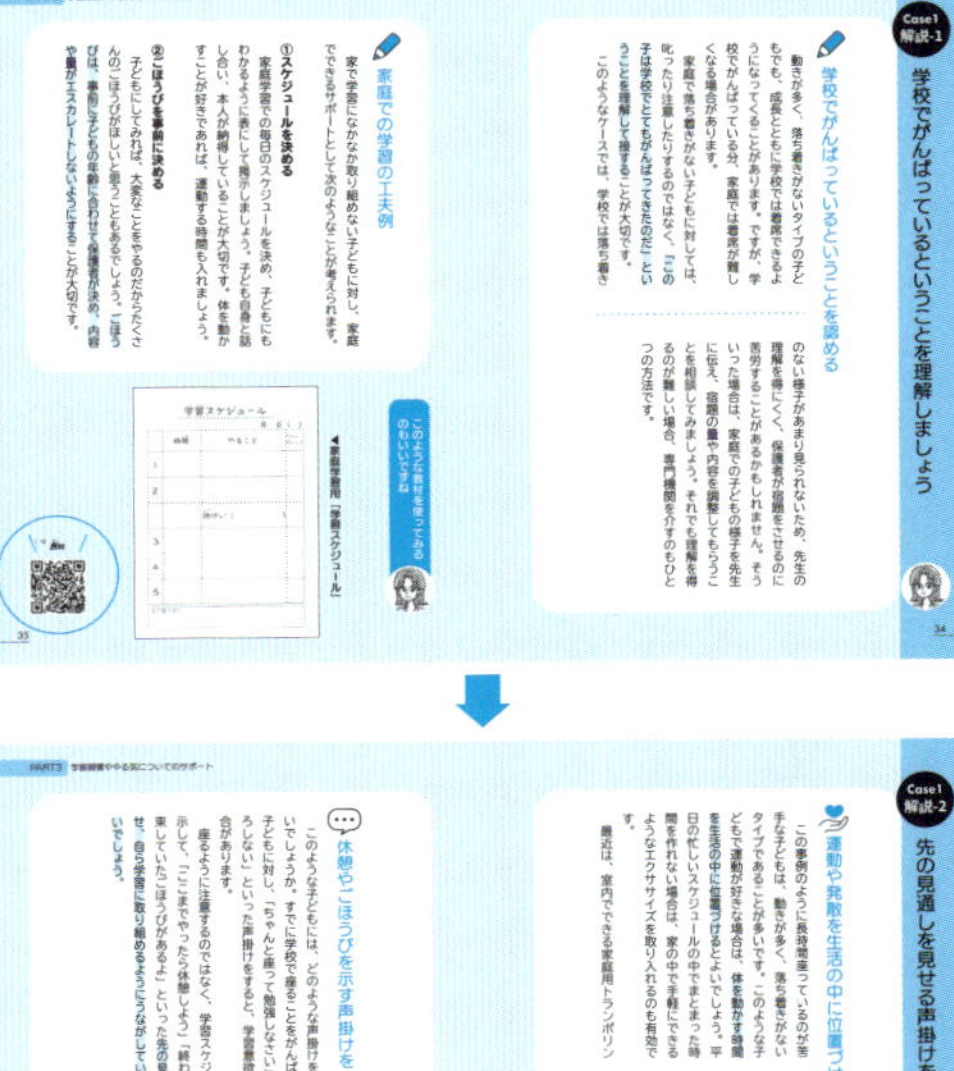

くわしい解説やサポートの例、教材の紹介など

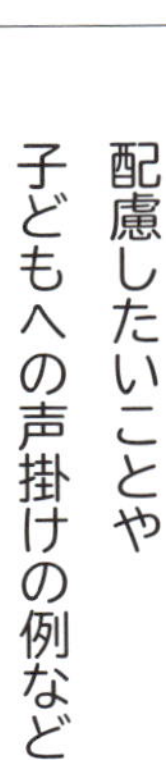

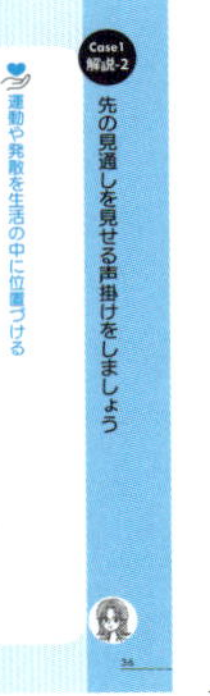

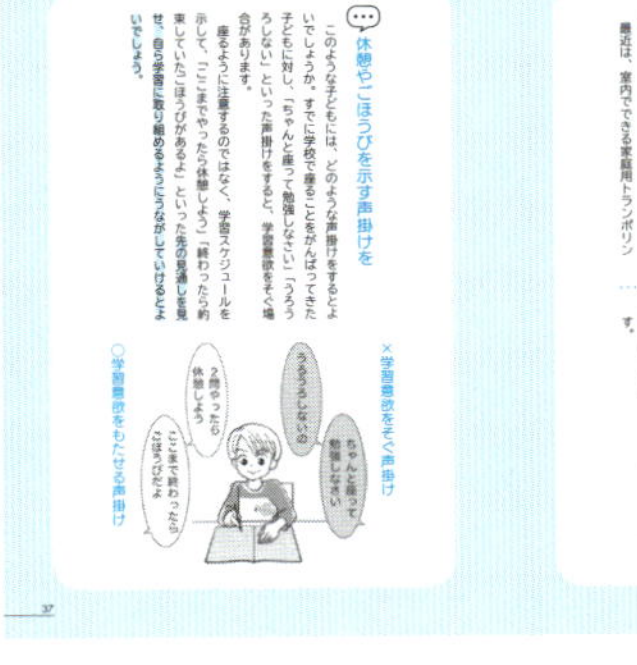

配慮したいことや子どもへの声掛けの例など

著者監修の教材をダウンロードできる「いるかプリント」サイトのURLです

アイコン

読み書きについての解説やサポート例

背景にある特性や配慮したいこと

子どもへの声掛け例や気をつけたいこと

登場する先生のご紹介

心理士のまい先生

はじめまして！
この本では、保護者の方から相談が多い読み書きの悩みについて、家庭でできる具体的なサポート例や配慮したいことを、やさしく解説していきます！

【本書の事例・用語について】

＊本書で扱う事例は、さまざまなケースをもとにした架空の事例であり、実在の人物や学校とは一切関係ありません。

＊本書に出てくる「専門機関」とは、医療機関、市町村保健センター、児童相談所、子育て支援センター、教育相談センター等を指しています。

【本書の障害名の表記について】

本書では、次の定義を根拠とし、障害名を記載しています。

＊学習障害（LD）
LDの日本語表記には、医学的定義と教育学定義の2種類があります。DSM−5（アメリカ精神医学会が発行する診断基準等のマニュアル）では、限局性学習症（限局性学習障害）と定義しており、ICD−11（WHOが作成する疾病等の国際的な分類）では、学力の特異的発達障害としています（医学的定義）。教育学定義としては、文部科学省（1990年）が「基本的に全般的な知的発達に遅れはないが、聞く、話す、読む、書く、計算する又は推論する能力のうち特定のものの習得と使用に著しい困難を示す状態を指すものである。」と定義しています。

＊注意欠陥多動性障害（ADHD）
ICD−11では注意欠如多動症、DSM−5では注意欠如・多動症とされていますが、文部科学省の資料では注意欠陥多動性障害としているため、本書では本表記としています。

＊自閉スペクトラム症（ASD）
以前は自閉性障害、アスペルガー障害、小児期崩壊性障害を含めてPDD（広範性発達障害）と呼ばれていましたが、DSM−5ではASD（自閉スペクトラム症）に統合されました。ICD−11でもDSM−5の流れを受けて自閉スペクトラム症としています。

PART
1

読み書きの力が心配なときに保護者が知っておきたいこと

1

中高学年のサポートで大切にしたいこと

現代の教育や、子どもの心の成長に合わせたサポートを考えることが大切です

現代の教育に合わせたサポートを

小学校低学年の読み書きの学習では、ひらがなや簡単な漢字など基礎的な学習を行いますが、小学校3年生からは学ぶ漢字も読み方も一層増えます。そしてどの教科でも、学習内容が具体的な経験から離れて抽象的になってくるため、学習に困難さを感じる子どもが増えるといわれています。

現代の子どもならではの難しさもあります。学校の教育課程の基準となる「学習指導要領」は、おおよそ10年ごとに改訂されており、保護者が学んだ時代の内容と、現代の子どもが学んでいる内容は異なることがあります。最新の小学校学習指導要領の改訂は2017年に行われ、「主体的・対話的で深い学び」が重視されるようになりました。先生から児童に対し、一方通行で知識を教え込むのではなく、子ども自身が考え、対話する授業が目指されています。自分の意見を話したり聞いたりすることが苦手な子どもにとっては、難しく感じることもあるかもしれません。

また、国際化・情報化が加速する世の中に対応するために、英語教育やプログラミング教育も重視されるようになりました。一人に一台のタブレット端末も導入され、保護者自身が学んだ時代とは、学ぶ内容も方法も異なる場合があります。ですので、子どものサポートを考える際にも、子どもが今、学校でどのような学習をしていて何に困っているのかを把握しておく必要があります。保護者自身の経験をもとにして、こうすれば大丈夫、というような考え方は通用しないかもしれないということを

理解しておきましょう。

本人の気持ちを尊重し、周囲の意見を聞く

中高学年になると、第二次反抗期が始まって、大人からの指摘をいやがったり、反抗的な態度を示したりすることも多くなります。自分の意見をもち、大人の言いなりにならないという様子は、子どもの喜ばしい成長でもありますが、保護者が学習を含めた生活のサポートをするときには、少々困ってしまうこともあるでしょう。

保護者からすると、まだまだ子どもで、手を貸す必要があると感じることも多いかもしれません。しかし、発達の偏りがあって苦手さが目立っていたとしても、子どもは子どもなりに努力しており、努力を認めてもらいたいという気持ちがあります。保護者が良かれと思ってサポートしたことでも、子どもからすると、できないと思ってバカにされた、正当に評価されていないなどと受け取る場合もあります。本人の気持ちを尊重しながら、サポート方法を考えていくことが大切です。

また、発達の偏りがあると、自分の気持ちを言葉でうまく表現できない場合や、気持ちと表情や態度が一致しない（いやな気持ちであっても表情はにこにこしているなど）場合があります。本人がいやがっていないように見えるので低学年から同じサポートを継続していたら、ある日突然パニックを起こしてしまったという例もあるので、思春期の複雑な心の動きに気をつける必要があります。

学習は、気持ちが安定していないと積み重ねが難しくなります。子どもの情緒面の成長は、一人一人の子どもによる差が大きいので、保護者だけで判断せず、家族や学校の先生、専門家などの意見を聞きながら、サポートの方法を考えていくことが求められます。

2

学年に応じたサポートの変化

学年が上がるにつれて、必要なサポートの内容が変わっていきます

子どもが自分で考えることが求められる

子どもに対するサポートには、先生による学校でのサポート、保護者による家庭でのサポート、子どもが自分自身に行うサポートなどがあります。これらのサポートは、中学年、高学年に上がるにつれてどのように変化していくのでしょうか。

まず、学校では、高学年になると先生からサポートを受ける機会は減っていくでしょう。高学年では、中学校に向けて「自分で考える」ことが求められていくからです。

低学年のころと違って、学校の先生方は、問いを投げかけて子どもたち自身に答えを委ねます。わからないことを質問した場合には、もちろんていねいに教えてくれますが、質問内容が具体的ではない場合には、「何がわからないの？」「どこができないのか言ってみて」など、子ども自身に考えさせることが多くなります。学校生活の中で、発達段階に応じた豊かな経験を積ませることが重要なので、子ども自身に考えさせるような対応が多くなっていくのです。

家庭でのサポートの変化

家庭でも、保護者からサポートを受ける機会は減っていきます。子どもが低学年のうちは、保護者が家庭学習で音読のチェックや、漢字の書きのチェックを行うことも多かったでしょう。ひらがなの

読み方がまちがっていないか、すらすら読むことができているか、漢字はお手本通りに書けているか、書き順はまちがっていないか……など、保護者はさまざまな点に気を配り、子どもの読み書きの力を気にかけていたと思います。しかし、高学年になると、読み書きの基礎スキルはおおよそ習得できており、宿題は、音読よりもドリルやプリントが主になってくるため、保護者が宿題を見る機会は少なくなっていきます。答え合わせについても、保護者がやらなくても、自分でチェックしながら丸をつけられる子どもが増えます。

さらに、高学年になると、宿題の目標設定も変わっていきます。低学年では正しく覚えること、まちがえずに書くことが目標であるのに対して、高学年になると、決められた期日までに提出物を出すことも目標になっていきます。このように、発達段階に応じて求められることが変わっていくため、当然サポート内容も変わります。家庭でのサポートも、低学年のころより減っていくでしょう。

発達段階に応じて保護者からのサポートは減っていく

しかし、だからといって放っておいていいというわけではありません。低学年のうちに十分な力が身についていない場合は、適切なサポートを行うことも大切です。本書のパート3・4では、苦手さに応じたサポートについて、事例を挙げて紹介しているので参考にしてください。

自分で自分をサポートする力が重要

学年が上がるにつれて、周囲からの直接的なサポートは減っていくものの、自分で自分に対して行うサポートの必要性は、圧倒的に増えていきます。しかし、学習が苦手な子どもは、自分に何が必要なのか、どんなサポートがあるとうまく学習に取り組めるのかを十分に理解できていない場合が多いです。理解できていないことはできなくて当たり前なので、まずは自分の苦手さをよく知ることから始めましょう。その上で、苦手なことに対してどのようなサポートが必要なのかを、自分でも考えていくことが求められます。そのためには、低中学年のころから徐々に自分で考える力を育てていくことが大切です。

また、難しかったりわからなかったりすることから目を背けたり、やりたくないと思ってしまったりすることもありますが、それらの課題に立ち向かう力も必要です。わからないときには調べてみるスキル、どうしたらいいか悩んだときには誰かに聞いてみるスキルも必要になります。高学年では、周囲からの直接的なサポートよりも、サポートがなくても自分自身を支えられる力をつけていくことが重要になるのです。

外部機関をうまく活用する

学校や家庭、また子ども自身の力だけでは学習や成長のサポートが不十分だと感じる場合には、放課後等デイサービスなどの福祉サポートを受けたり、塾などの民間機関を利用したりするという方法もあります。

高学年になると、親からの助言には耳を傾けたくない時期もありますし、あまり何度も注意しすぎると反発する場合もあるので、親子関係を円滑に保つためにも、ある程度は子ども自身に委ねること、外部機関をうまく活用することも検討しましょう（107ページ参照）。子どもは、ふだんの自分をよく知らない第三者機関を利用したほうが、モチベーションを維持しながら学習を進められる場合があります。

重要なのは、子どもが学びに対する意欲をもち続けることです。子ども自身が「できるようになりたい」「これを解いてみたい」と思っている課題の習得は非常に速いです。子どもの興味関心を大切にしながら、モチベーションを維持して、学習スキルを伸ばしていきましょう。

3

中高学年の家庭学習のポイント

中高学年の家庭学習のポイントは何でしょうか

計画を立てて学習する

低学年のうちは、学習環境を自分で整えることは難しいため、保護者が学習計画を立てて準備することが前提となります。中には、自分でやることを決めて順序立てて学習を進められる子どももいますが、少数派です。しかし、中高学年になると、少しずつ自分で学習の計画を立てられるようになってきます。保護者と一緒に何をやるのかを話し合って、やることリスト（学習スケジュール）を作成して学習を進めるようにしましょう。決めるだけではなくてリストを作ることで、あとから何度でも確認できるので、自分でチェックしながら学習を進めることができます。

学習計画を立てるときに大事なことは、計画を立ててやってみた結果、うまくいったという感覚を子どもがもつことです。やっても意味がないと感じることを継続していくのは難しいため、計画を立ててうまく実行できた場合には、すぐにほめることや、子どもと一緒に喜ぶことが重要になります。

そして、学年が上がるにつれて、計画を立てること自体を少しずつ子どもに委ねていきましょう。すべてを子ども一人で計画する必要はないですが、リストを自分で作成してみたり、やることの一つ一つを自分で考えてみたりするなどの工夫が大切です。

一人で学習する機会を作る

子どもは、高学年になるにつれて、「親と一緒にするのは恥ずかしい」という感覚が芽生えてくるので、一人で学習する機会を設けることもサポートの一つです。つい、子どもが失敗する前にカバーしてしまったり、最初から正解できるように工夫してしまったりしがちですが、失敗する経験や注意される機会が学びにつながることもあります。

高学年になると、自分一人で考えることができるようになってくるので、失敗した経験から自分の困り感と向き合うことで、次に何をすべきかが見えてくるでしょう。したがって、保護者としては、過度にならないサポートや、待つ姿勢が重要です。一人でもできることが増えてくる年齢ですので、困ったときに手を差し伸べる感覚でよいのです。

学習のリマインドを行う

もう一つの家庭学習のポイントは、「リマインド」です。学習をやりっぱなしにするのではなく、学習

困ったときに手を差し伸べる感覚で見守る

した直後と翌日、数日後にも確認することで、習得が安定するといわれています。忘れてしまう前に思い出すタイミングを意識的に作りましょう。

高学年になると、低学年のころと比べて読む文章が長くなり、漢字の画数が増えたり、計算式が難しくなったり、単に覚えるだけではない知識の応用も必要になってきます。学習した直後には覚えていられるものの、記憶として定着しづらい内容もたくさんあります。そのため、定期的なリマインドが必要になるのです。

最初のうちは、保護者から思い出すきっかけを提示することが必要ですが、慣れてきて自分で学習ができるようになると、保護者からのうながしは不要になります。リマインドについての声掛けだけでなく、家庭内の掲示物などで学習内容を目に触れやすくすることや、会話などで耳にする機会を意識的に設けることも効果的です。

生活の中でもリマインドを行う

今のニュースの「しがけん」ってどんな漢字だっけ？
えっと、さんずいに…

苦手なこと、得意なことを自分で意識する

子どもが、苦手なことや得意なことを自分自身で意識することも、高学年の学習では大切です。「自分は漢字の読みが苦手」「その中でも画数の多い漢字が覚えにくい」など、苦手なことを自分で意識できると、その部分に焦点を当てて学習すればよいということになります。また、「自分は生き物には興味をもてるから、生き物に関係する漢字から学習しよう」など、得意なことを入り口にするのも、学習への抵抗感を減らし、モチベーションを上げるのに役立ちます。

学習全般が苦手だという子どもの場合は、「どうせできない」「やってもわからない」で終わらせずに、その日の学習の重点ポイントを決めるとよいでしょう。たとえば、「3問を完璧に答える」「聞いたことのある単語だけ覚える」など、自分にとって負荷のない学習量を設定して、少しずつ学習を積み重ねていくのです。

みんなと同じペースで学習したいという気持ちを優先するのもよいですが、自分なりのペースで学習を積み上げていくことも十分に意味のあることです。中学校に向けて、その子どもにできることから少しずつ始めていきましょう。

4 進学に向けて大切にしたいこと

中学・高校への進学に向けて大切なことは何でしょうか

進学予定先の学校に見学に行く

学習が苦手な子どもの保護者は、中学校や高校への進学について、不安や心配が特に多いと思います。新しい環境になるに当たって部活動と学習の両立ができるのか、新しい友人と良好な関係を築けるのか……など、保護者だけでなく子ども自身も少なからず悩みます。不安がある場合は、進学予定先の学校見学に親子で行くことが重要です。校舎内に入らなくても、通学路を通って学校の前まで一緒に行ってみたり、グラウンドを眺めてみたり、登下校中の在校生を観察してみたりする中で、中学校生活のイメージを高めていきましょう。

特に支援学級や支援学校への進学を検討している場合には、進路決定前に必ず見学に行くことをおすすめします。入学後に、「想像していたのと違った」となった場合に、その後の学校生活がつらくなる可能性があるので、入学前に親子共に納得した状態で進路を決定できるとよいでしょう。

進学では本人の意思を優先する

進路の決定に当たって、何よりも優先すべきは子ども本人の意思です。小学校入学時には、在籍学校や在籍学級、支援体制については保護者が中心となって決定していくことが多いでしょう。しかし、小学校高学年になると、周囲の人や場所にもある程度慣れており、本人にも意思があります。そのため、保護者に「支援学級のほうが安心」「高校を見据えてこうしてほしい」などの希望があっても、子ども自身の考えと一致しないことがあるのです。学校生活上で何かしらの困り感を抱えているときには、支援体制の整備が必要な場合もあります。子どもも本人とよく話した上で、学校の先生や専門機関と相談し、進学先を決めていく必要があります。

中学校の学習で困る子ども

中学校で子どもが困ることの第一は、何よりも学習です。小学校で学習についていくことがすでに難しい場合には、中学校の選定は特に慎重に行う必要があります。中学校では、小学校と比べて学習内容が複雑になり、自分の言葉で説明しなければいけないことが増え、自分で計画を立てて復習や予習をして学習を進めていくことが求められます。小学校まではみんなと同じペースで進められていたのに、中学校になったとたんに遅れが生じる子どもも少なくありません。

子どもの意思を尊重して学校の先生や専門機関と相談する

中学校では部活をがんばりたいです
そういう希望だったら、こんな学校がありますよ

中学校の学習で、できないことや苦手なことが増えていくと、部活動などほかのことにも消極的になっていく場合があります。学習が苦手だということが、時間経過の中で二次障害（30ページ参照）に発展していくのです。その結果、学校に行くことに抵抗を示したり、「やってもむだ」「自分なんて……」といった学習性無力感（どうせできないから、やっても仕方ないとあきらめてしまう状態）に陥（おちい）ったりします。さらに、みんなと同じように学習ができないことによる自己肯定感の低下や不安が募り、対人関係にまで影響が出る子どももいます。そのため、学習が苦手な子どもに対しては、学習面での配慮だけでなく、不登校や精神症状、神経症状への対応も必要になることがあるのです。

　学習面にも配慮しつつ、子ども本人の意向に沿った進路を決定するために、小学校のうちから少しずつ進路についての対話をしていきましょう。

PART 2

発達障害と読み書き支援の基礎知識

―子どもの特性の理解のために―

1 学習障害（LD）

学習障害（LD）とは、どのような障害なのでしょうか

学習障害とは

学習障害は、LD（Learning Disorders または、Learning Disabilities の略語）ともいい、全般的な知的発達に遅れはないのに、聞く・話す・読む・書く・計算する・推論する能力のうち、特定のものの習得と使用に著しい困難がある状態をいいます。障害の原因は中枢神経系に何らかの機能障害があると推定され、視覚障害、聴覚障害、知的障害、情緒障害などの障害が直接の原因ではないといわれます。また、環境的な要因によるものではありません。

学習障害のある子どもは、認知（理解、判断、推論など知的機能のこと）について次のような特徴が見られることがあります。

【言葉の発達や偏り】語彙が少ない。文法を誤る。長い文章を話せないなど。
【聴覚的理解や視覚的理解】言葉による指示では行動できないが、視覚的な手がかりで行動できる。漢字の文字の形を正しく覚えられないなど。
【記憶】複数の簡単な指示を覚えることが難しい。一度に複数のことを並行してできないなど。

このような認知の特徴によって学習面での困難が生じ、学校の読み書きの学習では、次のような様

子が見られることがあります。また、本人の状態によって、同じようなことでも、できたりできなかったりする場合があります。

・授業の内容は理解しているのに、漢字は何度練習しても正しく書くことができない。
・文章を読む際に何度もつまる。正しく読めない。
・漢字の書き取りについて、同音異義語の誤りが多い。
・文字の一部が足りなかったり、線が1本多かったりする字を書く。

周囲の理解と支援の必要性

認知の特徴からくる前述のような様子は、「できるのになぜやらないのか」「なまけている」などと思われがちです。学習障害のある子どもは、会話は成立することが多く、大人っぽい言葉づかいや態度であることも多いため、周囲から障害を理解されにくい場合があります。注意されてばかりいたり、努力が足りないというレッテルを貼られたりすると、二次障害（30ページ参照）につながることもあります。

子どもが抱える困難さに、周りの大人が早く気づき、理解し、その子どもに合わせた支援をすることが大切です。支援では、次のような対応が基本となります。

①子どもの苦手なことを把握し、それはなぜかを考える。
②苦手さへの対応策、補助手段、代替手段を考える。
③子どもに合わせた目標を設定し、がんばりを認めて励ます。

2 注意欠陥多動性障害（ADHD）

ADHDとはどんな障害で、どのような支援が必要なのでしょうか

注意欠陥多動性障害とは

注意欠陥多動性障害（Attention − Deficit ／ Hyperactivity Disorder）は、次に示すような注意持続の欠如もしくは、その子どもの年齢や発達レベルに見合わない多動性や衝動性が特徴です。これらの特徴をすべてもっている場合もあれば、部分的にもっている場合もあります。

【不注意】集中力が続かない。気が散りやすい。忘れっぽいなど。
【多動性】じっとしていることが苦手で、席を離れたり動き回ったりするなど。
【衝動性】思いついた行動について、行ってもよいか考える前に実行してしまうなど。

読み書きに関しては、すぐに集中力が切れてしまい、たくさん書いて練習するのが難しかったり、文字を速く書きすぎて字形が整わなかったり、文字の細部まで気を配って書けなかったりなどの状態が見られることがあります。

ADHDのある子どもの支援の基本

ADHDのある子どもに対しては、次のような支援が有効と考えられています。

・学習机の周りの刺激になるもの、気になるものをできるだけ少なくする。
・集中できる時間に合わせた課題の量を考える。
・学習スケジュールを作成し、見えるところに貼る。
・学習の休憩時間に体を動かす機会を作るなど、活動エネルギーを上手に発散させる工夫をする。
・動いてもよい環境を作る。（例）食事の支度の手伝いをさせる。運動する時間を作る。

家庭学習でできる支援

家庭学習の中でできる支援としては、次のようなことが考えられます。

・学習中は、必要な物だけを机上に用意させ、不要なものは目に入らないようにする。
・話し掛けるときには子どもの名前を呼んで、注意を引きつける。
・約束事が守れたら間を置かず、すぐにほめる。
・できてあたり前と思われることでも、積極的に言葉でほめる。
・子どもが何か話そうとして表現できないときは言葉で補う。
・取り組む目標、守るべきルールなどを子どもと相談して決める。

3 自閉スペクトラム症（ASD）

自閉スペクトラム症とはどんな障害で、どのような支援が必要なのでしょうか

自閉スペクトラム症とは

自閉スペクトラム症（Autism Spectrum Disorder）は、「持続する相互的な社会的コミュニケーションや対人的相互反応の障害、限定された反復的な行動、興味、または活動の様式」と定義されています。つまり、人とのコミュニケーションが困難であったり、何かに強くこだわったり、くり返しの行動が多かったりして、日常生活に支障をきたしてしまうような状態をいいます。

幼少期には、視線が合いにくかったり、一人を好んでいるように見えたりすることもあります。学齢期では、周囲にあまり配慮せずに、自分が好きなことをしたり言ったりして、集団になじむのが難しいこともあります。また、決められたルールを好み、場面に応じて臨機応変に対応することが苦手な傾向があるため、突発的に起きることや予定変更で混乱してしまうこともあります。

さらに、知的な遅れがなくても、言葉をうまく扱えず、単語を覚えても意味を理解することが難しい場合があります。自分の気持ちを言葉にしたり、想像したりするのも苦手です。

そのため、国語の教科書の文章を理解することが難しかったり、登場人物の気持ちを問う問題で答えられなかったり、作文を書くことが苦手だったりといった場合があります。

自閉スペクトラム症のある子どもの支援の基本

自閉スペクトラム症のある子どもに対しては、子どもに伝わりやすいコミュニケーションを意識しましょう。あいまいなものは適していません。支援に際しては、次のような点に配慮しましょう。

・指示は、はっきり子どもにわかるように事前に伝えておく。
・ルールは、見てわかるようにはっきり示す。
・頭ごなしに叱るのではなく、子どもの頭の中にどのような考えがあるかを想像してみる（子どもは以前経験したことの記憶をもとに行動している場合が多い）。
・少しでもうまくできたときは、子どもにとってわかりやすく、喜ぶ方法でほめる。
・失敗したことを叱るのではなく、次にどうしたらよいかを具体的に示す。
・初めての場面や活動では、無理強いせず、場所や人に慣れるための時間を取る。
・子どもが見通しをもてるように、あらかじめ「いつ」「どこで」「何が起こるのか」「いつ終わるのか」などを示す。

読み書きに関しては、学習の進め方やノートの書き方などについて、本人の強いこだわりがあることがあります。本人のこだわりと学校の進め方が違う場合に、本人のやり方をあまり否定しすぎると、学習意欲が減退してしまうこともあるので注意が必要です。担任の先生に相談しながら、妥協案を探ることが必要な場合もあります。

このような自閉スペクトラム症の状態にはかなり幅があります。一見、症状が目立たない場合でも、周囲の理解やサポートが必要なことが多いため、子どもに合わせた支援を行うことが大切です。

コラム１

＼ 二次障害を防ぐには ／

発達障害のある子どもの中には、失敗経験が積み重なり、大人の指示に従えず叱責されてばかりいるうちに、劣等感をもち、自尊心が低くなってしまう子どもがいます。

そのような状態を二次障害といい、次のような状態に陥ってしまうことがあります。

・自己評価が低下する
・無気力、不安、情緒不安定、人間不信、うつ状態になる
・友達とトラブルが多くなる
・学校などの集団の中で孤立する
・反抗的、挑発的な行動をとる

文字の読み書きは学習の基本であり、あらゆる教科に必要なため、苦手な場合には劣等感をもちやすいといえます。

ですが子どもは、周囲の大人の接し方によって、他者に信頼感をもつことができたり、肯定的な自己イメージを保つことができたりします。

子どものいちばん身近にいる保護者は、ほかの子どもと比較するのではなく、少し前の本人と比べて成長を認めましょう。そして、焦らずに、少しでもできることが増えたらほめ、成長を子どもと共に喜ぶことが、二次障害を生じさせないためには大切です。

PART
3

学習習慣ややる気についてのサポート

Case 1

たくみさんの家での様子

家では座って学習できない

小学4年生のたくみさんは、体を動かすのが好きで、サッカーチームに入っています。

小さいころからいつも走り回っていて、文字の読み書きや、ぬり絵、お絵描きは好きではありませんでした。
絵本読むよ
いや〜！

低学年のころは、教室で着席しているのが難しかったのですが、今は座っています。学校でがんばるせいか、家では座っていられません。

宿題やりなさい！

いやだ

学年が上がるにつれて、宿題が増えてきましたが、やらずに先生から注意される回数が増え、保護者は困っていました。

家でも宿題を見てあげてください。

連絡帳

家庭でできるサポート例

専門機関に相談した結果、まず本人と相談し、宿題をやったごほうびと学習スケジュールを決めることにしました。

ごほうびは…ゲームしたい

寝る時間が遅くなるから、おやつを選べるのはどう？ゲームは週末にしようね

学習スケジュールには、たくみさんが好きな腕立て伏せなどの運動をする時間も入れました。

学習スケジュール

11月3日（水）

	時間	やること	できたら花丸
1	15分	計算ドリル1ページ	
2	15分	漢字ドリル1ページ	
	3分	休けい（うでたてふせ）	
3	15分	宿題の調べ学習	
4			
5			

☆ごほうび☆
おやつをえらべる。（プリンかアイス）

さらに、担任の先生とも相談し、一つの漢字を書く回数を減らしてもらいました。
3回ずつ練習してくるんだよ
3回だけでいいの？
漢字ノート

このような工夫により、家で宿題に取り組める時間が増えてきました。漢字テストの点数も上がり、本人もうれしそうです。

Case1
解説-1

学校でがんばっているということを理解しましょう

学校でがんばっているということを認める

動きが多く、落ち着きがないタイプの子どもでも、成長とともに学校では着席できるようになってくることがあります。ですが、学校でがんばっている分、家庭では着席が難しくなる場合があります。

家庭で落ち着きがない子どもに対しては、叱ったり注意したりするのではなく、「この子は学校でとてもがんばってきたのだ」ということを理解して接することが大切です。

このようなケースでは、学校では落ち着きのない様子があまり見られないため、先生の理解を得にくく、保護者が宿題をさせるのに苦労することがあるかもしれません。そういった場合は、家庭での子どもの様子を先生に伝え、宿題の量や内容を調整してもらうことを相談してみましょう。それでも理解を得るのが難しい場合、専門機関を介すのも一つの方法です。

家庭での学習の工夫例

家で学習になかなか取り組めない子どもに対し、家庭でできるサポートとして次のようなことが考えられます。

①スケジュールを決める

家庭学習での毎日のスケジュールを決め、子どもにもわかるように表にして掲示しましょう。子ども自身と話し合い、本人が納得していることが大切です。体を動かすことが好きであれば、運動する時間も入れましょう。

②ごほうびを事前に決める

子どもにしてみれば、大変なことをやるのだからたくさんのごほうびがほしいと思うこともあるでしょう。ごほうびは、事前に子どもの年齢に合わせて保護者が決め、内容や量がエスカレートしないようにすることが大切です。

このような教材を使ってみるのもいいですね

学習スケジュール

月　日（　）

	時間	やること	できたら花丸をつける
1			
2			
		休けい（　　）	
3			
4			
5			

☆ごほうび☆

◀家庭学習用「学習スケジュール」

ダウンロード教材

Case1
解説-2

先の見通しを見せる声掛けをしましょう

運動や発散を生活の中に位置づける

この事例のように長時間座っているのが苦手な子どもは、動きが多く、落ち着きがないタイプであることが多いです。このような子どもで運動が好きな場合は、体を動かす時間を生活の中に位置づけるとよいでしょう。平日の忙しいスケジュールの中でまとまった時間を作れない場合は、家の中で手軽にできるようなエクササイズを取り入れるのも有効です。

最近は、室内でできる家庭用トランポリンなどの運動器具もあります。また、エクササイズの動画を見ながら運動するのも一つの方法です。長すぎる動画では飽きてしまうこともあるので、子どもと相談して、好みの動画を選んで決めるとよいでしょう。

本人が自分から進んで運動できるようになるまでは、できれば保護者も一緒に行いましょう。楽しく一緒に行うことで、運動を習慣づけるサポートをしていくことも大切です。

休憩やごほうびを示す声掛けを

　このような子どもには、どのような声掛けをするとよいでしょうか。すでに学校で座ることをがんばってきた子どもに対し、「ちゃんと座って勉強しなさい」「うろうろしない」といった声掛けをすると、学習意欲をそぐ場合があります。

　座るように注意するのではなく、学習スケジュールを示して、「ここまでやったら休憩しよう」「終わったら約束していたごほうびがあるよ」といった先の見通しを見せ、自ら学習に取り組めるようにうながしていけるとよいでしょう。

×学習意欲をそぐ声掛け

○学習意欲をもたせる声掛け

Case 2

帰宅すると疲れていて学習ができない

りこさんの家での様子

りこさんは小学3年生です。通常学級に在籍し、特別支援教室のサポートも受けています。コミュニケーションが苦手ですが、がんばっています。

学校でがんばるので、帰宅するとソファーに寝転がり動けません。また、少しのきっかけでパニックを起こすことが多くなります。

宿題やらなきゃ…
でもできない…

りこさんの中に、宿題をやらないという選択肢はないので、できない自分に対していら立ち、妹やお母さんに当たることもあります。

やっと宿題を始めてもなかなか進まずパニックになります。宿題をやってもやらなくてもパニックになるため、保護者は困っていました。

家庭でできるサポート例

保護者は、学校の先生に相談し、宿題の量を調整するとともに、次のような家庭学習の工夫を行うことにしました。
宿題の量を見直しますね

いすに座れないりこさんを誘うため、マッサージの時間を作りました。また、どの順番で宿題をするか話し合い、学習スケジュールを作りました。

学習スケジュールには終わったら花丸をつけます。最後のごほうびも話し合って決めました。

学習スケジュール

10月2日（水）

	時間	やること	できたら花丸
1	10分	漢字　3こ	
2	10分	計算　10問	
	3分	休けい（1曲歌を歌う）	
3	10分	音読2ページ	
4			
5			

☆ごほうび☆
・ゲーム30分

パニックに関しては、混乱する場面で使える「おたすけカード」を用意しました。これらの工夫により、学習できる日も増えてきました。
お母さん、これ…

Case2
解説-1

学校でがんばった分、家庭では心を休めましょう

落ち着いて学習するためのサポートを

苦手なことがあっても、学校では一生懸命がんばって、疲労困憊（こんぱい）してしまう子どもがいます。このような子どもは、家庭では疲れからパニックになってしまうこともあるかもしれません。パニックに対応するとき、つい保護者もイライラしてしまいがちですが、子どもが学校でがんばっていることを認め、心を落ち着けて対応することが大切です。

疲れからパニックが起こっているようなときには、休息を取らせましょう。ゲームをしたり、動画を見たがったりするかもしれませんが、余計に興奮して疲れが取れないことが多いので、体や心が休まることをするのが大切です。

保護者が話を聞く、短い昼寝、マッサージ、温かいお茶を飲むなど、子どもがリラックスできることを探しましょう。保護者が話を聞くときには、本人の話にアドバイスしたり注意したりするのではなく、聞くことに集中しましょう。

「おたすけカード」の活用

家では疲れてパニックになってしまう子どもには、言葉にできない気持ちをカードで表す「おたすけカード」を使用させるのもよいでしょう。

「絵カード」などの名称で市販されているものもありますが、子どもの性格に合わせて保護者が作成するのがおすすめです。カードの文字は、日ごろ、本人が話す言葉を利用しましょう。漢字で示すか、ひらがなにするか、絵つきのカードにするかなど、本人が興味をもつかどうかを大切にして作成しましょう。好きなキャラクターなどがあれば、シールなどを利用するのもよいでしょう。

カードを使用する前に、子どもに「難しいことは、休憩を入れながらやったり、手伝ってもらったりしていいんだよ」ということを説明しましょう。

このような教材を使ってみるのもいいですね

▲家庭学習用「おたすけカード」

ダウンロード
教材

Case2
解説-2

学習の重点を決め、少しずつ取り組みましょう

学習の重点を判断する

この事例のような子どもは、まじめで、いいかげんにやる、なまけるといった選択肢のない場合があります。それはすばらしいことですが、まじめにやりすぎて燃えつきてしまうのではないかと、保護者としては心配になることもあるでしょう。

宿題の中には、ここは流しておいていい、この部分は集中してやってほしいなどの強弱があると思います。子どもにはその強弱がわからないので、保護者が、しっかり学習させる部分と、とばしていい部分、余裕のある週末にとっておく部分などの判断をしましょう。日ごろから担任の先生と相談しておき、できなかった宿題については、連絡帳などを通じて報告するとよいでしょう。

できることから少しずつ

学校で、苦手なことから逃げずにがんばっているタイプの子どもに、「早く勉強しなさい」「がんばって」という声掛けをしてしまっては、さらにがんばりすぎてつらくなるばかりです。できることから少しずつ取り組めるようにサポートしていきましょう。

難しいことから逃げずに努力することは大切ですが、一方で、自力ではどうしても難しいことは周囲に助けを求められるようになることも大切です。助けを求めることが苦手な子どもの場合、先に紹介した「おたすけカード」もぜひ活用してみましょう。

Case 3

学校の成績が悪く、自信を失っている

ゆうさんの家での様子

小学6年生のゆうさんは、アニメや物語が好きな優しい男の子です。

低学年のころから、算数・国語が特に苦手で、高学年になってからは、家での学習をいやがるようになりました。

宿題は？

やらない

読み書きについては、画数が多い漢字を書くのが苦手です。どこから書き始めてどこで終わるのかわからず、迷路のように見えるそうです。

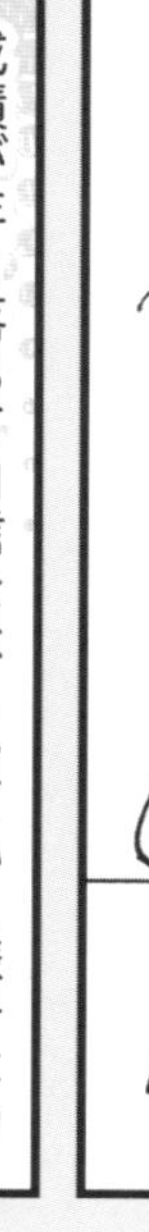

成績が年々落ちて自信をなくしていく様子なので、保護者は心配していました。
ぼくなんてどうせだめだし
どうしたらいいんだろう

家庭でできるサポート例

保護者が担任の先生に相談したところ、漢字は、できない学年の漢字にさかのぼって練習することを提案されました。
4年生の漢字の書きの復習から始めましょう

ゆうさんは物語が好きなので、漢字練習の前に保護者が漢字の成り立ちについて説明したり、へんやつくりの意味を説明したりしました。
この漢字の成り立ちはね…
へぇ…

さらに「苦手なことがあってもいい」ということや、「昨日よりできることが増えた」ということを、折に触れて説明しました。
昨日よりも書ける漢字が増えたねすごいね!

最近は、覚えた漢字も増え、自分がやりやすい方法で学習することを楽しんでいるようです。
書けた!

少しずつ、できることを積み重ねていきましょう

スモールステップで学習を積み重ねる

読み書きなどが苦手な子どもの中には、テストの点数が悪い、友達と比べて学習ができないなどの経験が積み重なり、自信をなくしている子どもがいます。

自信は、人との比較ではなく、過去の自分との比較で培うものです。保護者も、ほかの子どもや平均点と比べるのではなく、子ども自身の成長を見守りましょう。

漢字のように身についているかどうかわかりやすい学習であれば、できていない学年までさかのぼり、スモールステップで学習を積み重ねることで、少しずつでもできることを増やし、自信をつけていくことが大切です。

得意なことから始める

スモールステップで学習を積み重ねるときに大切なのは、子どもの得意（好き）なこと、不得意なことを理解し、得意なことを学習の入り口にしていくことです。

この事例のように、物語が好きなのであれば、漢字の成り立ちから興味をもたせたり、生き物が好きなのであれば、生き物に関する漢字をきっかけにしたりすることが考えられます。

漢字ドリルの順番に、漢字をたくさん書くことにこだわらず、学習方法を工夫していく必要があります。

成長を言葉で伝える

高学年になれば、自分の得意・不得意を自分自身でわかっている場合も多いです。一方で、自分で自分の成長に気がついていないこともあります。「誰にでも苦手なことはある」「少しずつでもできるようになってきている」ということを、積極的に言葉にして伝えていきましょう。

また、高学年になると、周囲からのサポートをいやがる子どももいますが、「サポートがあっても、できることが増えるのはよいこと」ということを日常的に言葉で伝えることで、サポートを受け入れられるようになることもあります。

成長を具体的な言葉にして伝えましょう

覚える漢字を選ぶ

学校で学習する漢字は、大まかに、生活で使用する漢字（低学年に多い）と、抽象的で生活上はさほど登場しない漢字（高学年に多い）に分けられます。

漢字がどうしても覚えられないときには、生活場面で使うことが多い漢字かどうかを判断基準にして、さほど使用しない漢字は「読めればいい」と割り切ることも大切です。

このような判断は子どもには難しいので、保護者が判断して、これは今は書けなくていい、これはがんばって学習しようなど、漢字の仕分けをしましょう。判断に悩むときには、特別支援教室の先生や専門機関の心理士や言語聴覚士などに相談すると、助言をもらえることがあります。

覚えない漢字があっていいのか心配になるかもしれませんが、理解できない学習を続けていても効果はありません。少ない量でも、成長のスピードに合わせて学習し、理解できることを増やしていくことが大切です。

成長を自覚させる声掛けを

自信を失っている子どもには、どのような声掛けをしていくとよいでしょうか。たとえば、がんばらせようという気持ちから「お兄ちゃんは、そんなまちがいしなかったよ」など、ほかの人と比較するような言葉を掛けると、ますます自信を失ってしまいます。

少しずつでも希望をもって学習を進められるように、「苦手なことがあっても大丈夫」ということを伝えましょう。また、昨日の自分より今日の自分が成長していることを子ども自身が自覚できるように、**子どもの成長を具体的な言葉にして伝える**ようにしましょう。

＼漢字のとめ・はね・はらい／

漢字のドリルなどのお手本の文字には、「とめ・はね・はらい」や字形についての注意点が書かれています。漢字を書くのが苦手な子どもにとっては、大まかな形を覚えるだけでも精一杯なのに、「とめ・はね・はらい」まで気を配るのは大変ということもあるでしょう。

小学校では、主に国語の書写の時間に「文字を正しく整えて書くこと」も指導します。漢字の読み書きの指導と書写の指導とが一体となって行われる場合もあるため、中には漢字の書き取り練習においても、「とめ・はね・はらい」をお手本通りに整えて書くことにこだわる先生もいます。保護者の中には、学校のテストでどんなにがんばっても丸にならないことで子どもの学習意欲が失われ、困っている方もいるかもしれません。

そういった場合は、担任の先生や、特別支援コーディネーターの先生に相談してみるのもよいでしょう。テストの採点には一定の基準も必要なため、バツを丸にするのは難しいかもしれません。ですが、バツをつけずに「もう一度書く」ように言ってもらったり、まちがえた漢字はどこがまちがっているかを子どもに探させたりといった、次のやる気につながるような評価方法を考えることはできるかもしれません。読み書きが苦手な子どもも、意欲的に学習できるようなサポート方法を考えていきましょう。

PART 4

文字や文の
読み書きについてのサポート

Case 4

あさひさんの家での様子

漢字の読みが苦手

小学5年生のあさひさんは、音読に苦手意識をもっています。漢字が出てくると、すらすら読めなくなるのです。
は、橋の、う、え…

4年生までは、自分でふりがなを書いていましたが、だんだん周囲の目が気になるようになり、書かなくなりました。

読めないの？

さっ

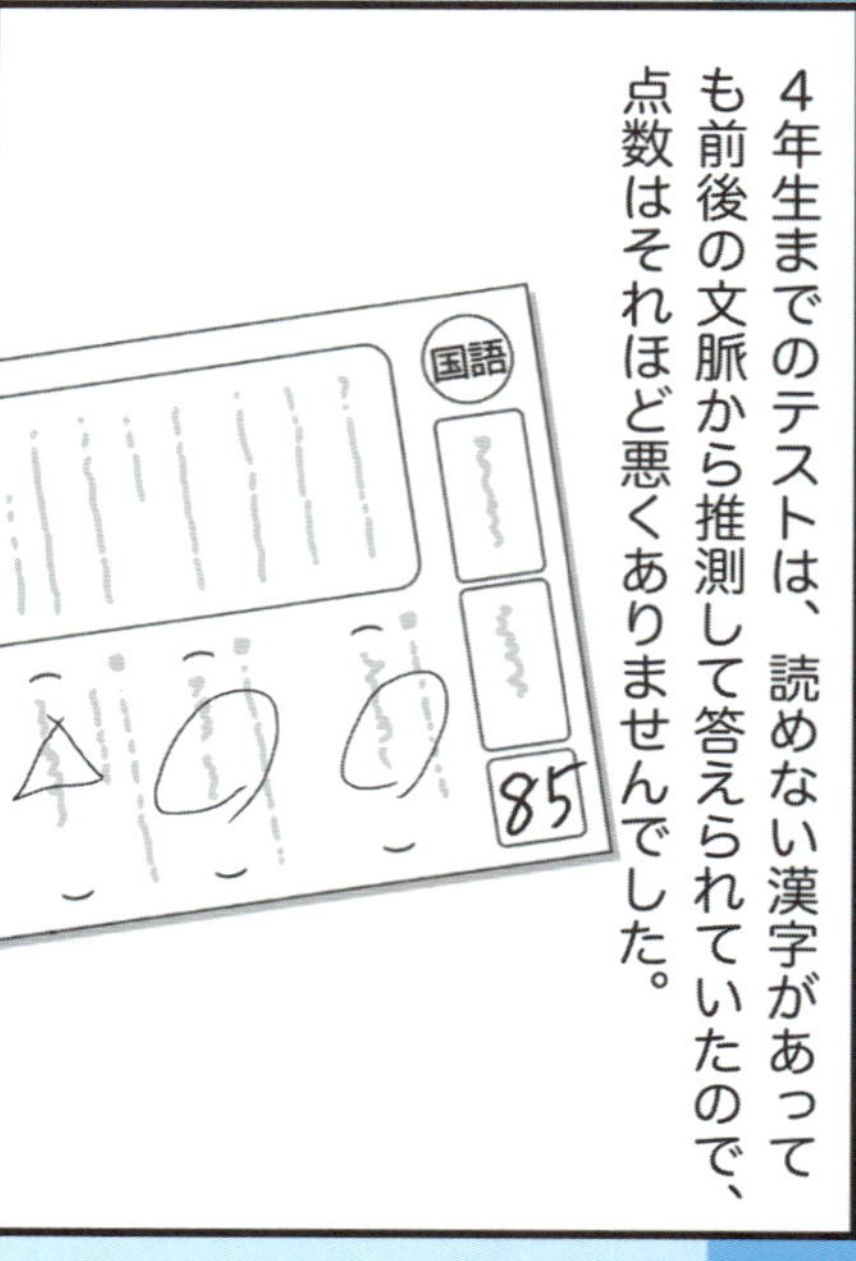

4年生までのテストは、読めない漢字があっても前後の文脈から推測して答えられていたので、点数はそれほど悪くありませんでした。
国語
85

しかし、だんだん推測読みでは解けなくなり、点数が下がってきたため、保護者も心配になってきました。
読めない漢字があるからかも…
50点

家庭でできるサポート例

保護者が学校に相談したところ、2年生までの漢字は読めているので、3年生の漢字の読みから復習することにしました。
3年生の漢字の読みから復習しましょう

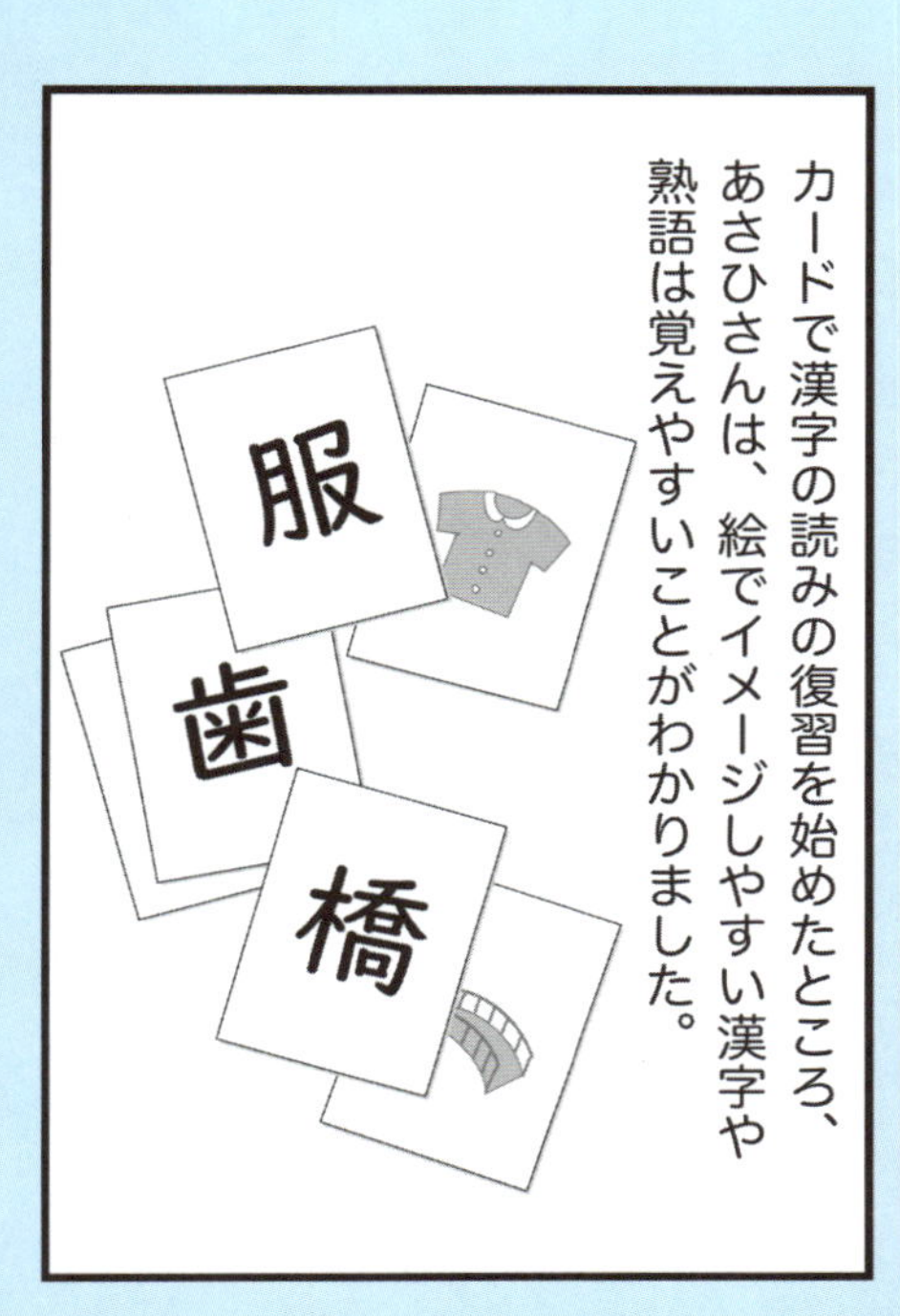

カードで漢字の読みの復習を始めたところ、あさひさんは、絵でイメージしやすい漢字や熟語は覚えやすいことがわかりました。
服
歯
橋

そこで、イメージしやすい漢字を先に学習し、イメージしにくい漢字はあとにするなど、学習の順序を意識するようにしました。
「橋」のほうが「期」よりも覚えられそう

自分でも「新しい単元の前に漢字の読みを学習すると内容がわかりやすい」とわかってきて、苦手意識が薄らいでいきました。
予習しよう
国語

Case4
解説-1

子どもに合った学習方法を見つけることが大切です

漢字をイメージのしやすさで分類する

漢字や熟語には、絵などで具体的にイメージしやすいもの（「服」、「歯」、「橋」、「病院」など）と、イメージしにくいもの（「期」、「意味」、「様子」など）があります。大人でも、意味を知らない漢字や熟語を覚えるのは難しいものですが、子どもにとっても、イメージしにくい漢字は覚えにくいものです。

漢字に苦手意識がある場合は、学習する漢字や熟語をイメージのしやすさで分け、イメージしやすいものから取り組むだけで、学習のしやすさや意欲が変わる場合があります。

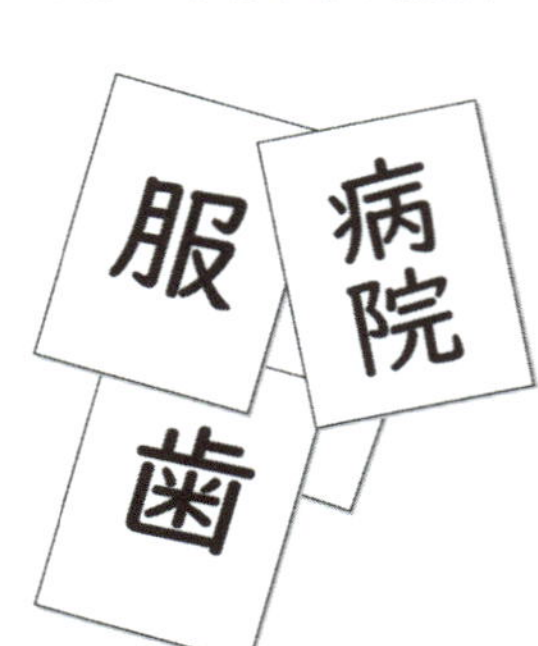

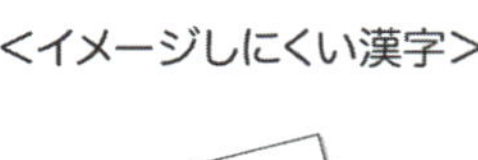

学習方法を身につける

高学年になると、保護者からの学習のサポートを受けたがらない子どもが多くなるので、一人でもできる、自分に合った学習方法を身につけていくことが大切になってきます。

読み書きの苦手な子どもが、漢字ドリルの漢字を最初から順番に書いて覚えようとしても、努力だけでは覚えられない場合があります。また、子どもが自分で、自分に合った学習方法を見つけるのも難しいでしょう。

そのため、この事例のように、イメージしやすい熟語のほうが覚えやすければ、絵カードを用いることを勧めるなど、子どもが自分に合った学習方法を見つけられるように、周囲の大人がサポートするとよいでしょう。

デジタル機器を活用する

高学年になると、デジタル機器を上手に使える子どもも多くなります。

この事例の子どもは、6年生になってから、先生からの勧めで、新しい単元に入る前に、デジタル教科書の読み上げ機能を使い、漢字の読み方を自分で確認するようにしました。すると、読み方を調べなくても耳から聞くことができるため、読み方はもちろん、意味についても理解しやすくなりました。その結果、新しい単元の授業にも最初から自信をもって取り組めるようになりました。

このように、子どもの課題に合ったデジタル機器を予習に用いることが有効な場合もあります。

Case4
解説-2

学習の順序を整理してから練習しましょう

学習の順序を整理する

この事例のような子どもは、文字（漢字）と音（読み方）の対応関係を理解することの苦手さが背景にあることがあります。

漢字を見てもすぐに音に変換できないため、前後の文を読んで推測読みをしてしまうのです。そのため、漢字テストで読み方を問う際の出題形式が、〈寒いので**服**（ふく）を着る。〉のように文になっている場合には解答できますが、「服」という単語だけで出題された場合には無解答になることが多いです。

このような場合、漢字の読みの練習が必要ですが、漢字や熟語は覚える量が非常に多いため、まずは学習の順序を整理する必要があります。「何年生の漢字から復習するのかを整理する」ことと、「その中でもイメージしやすい漢字から学習する」ことがポイントになります。

読める漢字を増やしていくことで、少しずつ漢字を読むことや見ることに対する抵抗感を減らしていきましょう。

声に出して読む

漢字の読みの練習には、漢字ドリルでよく出される宿題のように、読み方をノートに書いていく方法と、漢字を見て声に出して読む方法があります。

漢字を見てすぐに読み方を思い出せないタイプの子どもにとっては、声に出す方法のほうが短時間で取り組みやすいでしょう。

たとえば、漢字ドリルの読み方の出題ページを見ながら、声に出して順番に読ませます。1ページを、20秒から数分で読み終えることができるでしょう。3回行ってまちがわずに読めている漢字は習得できているので、チェックマークをつけます。そして、次回練習するときは、前回読めなかったものだけを復習します。この方法であれば、比較的短時間で読み方を確認することができます。

前学年までの漢字の読み方を習得できているかどうかを確認する場合も、同様の方法で行うとよいでしょう。

Case 5

漢字の書きが苦手

みおさんの家での様子

小学6年生のみおさんは、漢字の読みは得意ですが、書きが苦手です。しかし、本人は気にしていないようです。

私は読めるから書けなくてもいいの

テストの漢字の書きの問題は空欄で提出することが多く、文章で答える問題は、ひらがなでの解答も多いです。

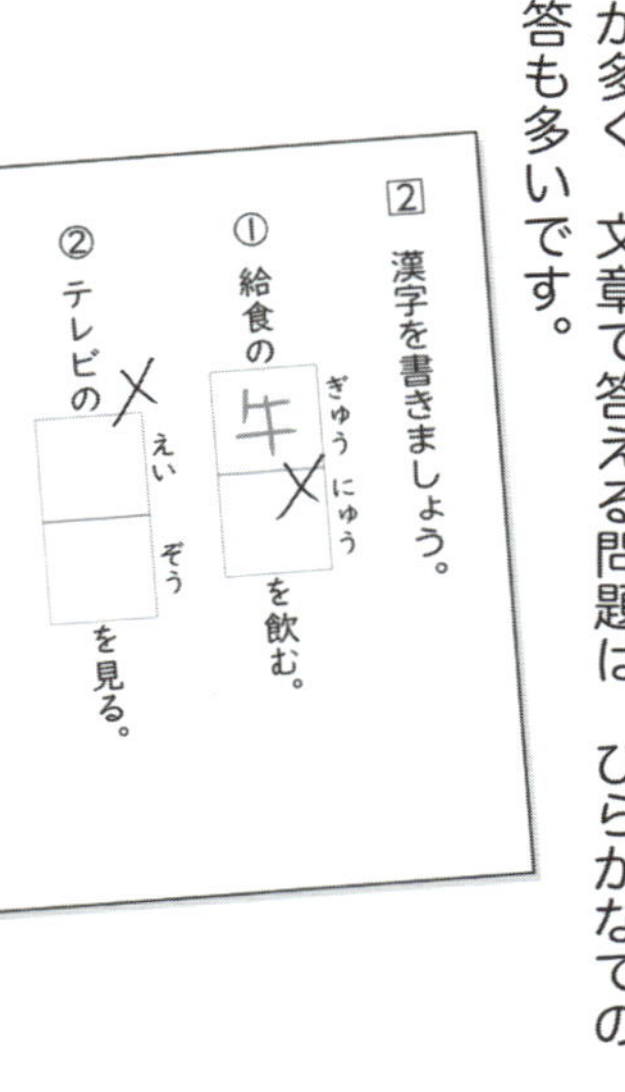

2 漢字を書きましょう。
① 給食の ぎゅう にゅう を飲む。
牛
② テレビの えい ぞう を見る。
③ 家にさいふを わすれる。
れる

低学年のうちは、保護者と一緒に漢字の反復練習をしていましたが、今は保護者が言っても聞きません。
漢字ドリルの宿題もしなさい
漢字テスト以外はできてるんだからいいでしょ

漢字を書けないまま中学校に進学して大丈夫なのか、保護者は心配になっていました。
大丈夫かな…

家庭でできるサポート例

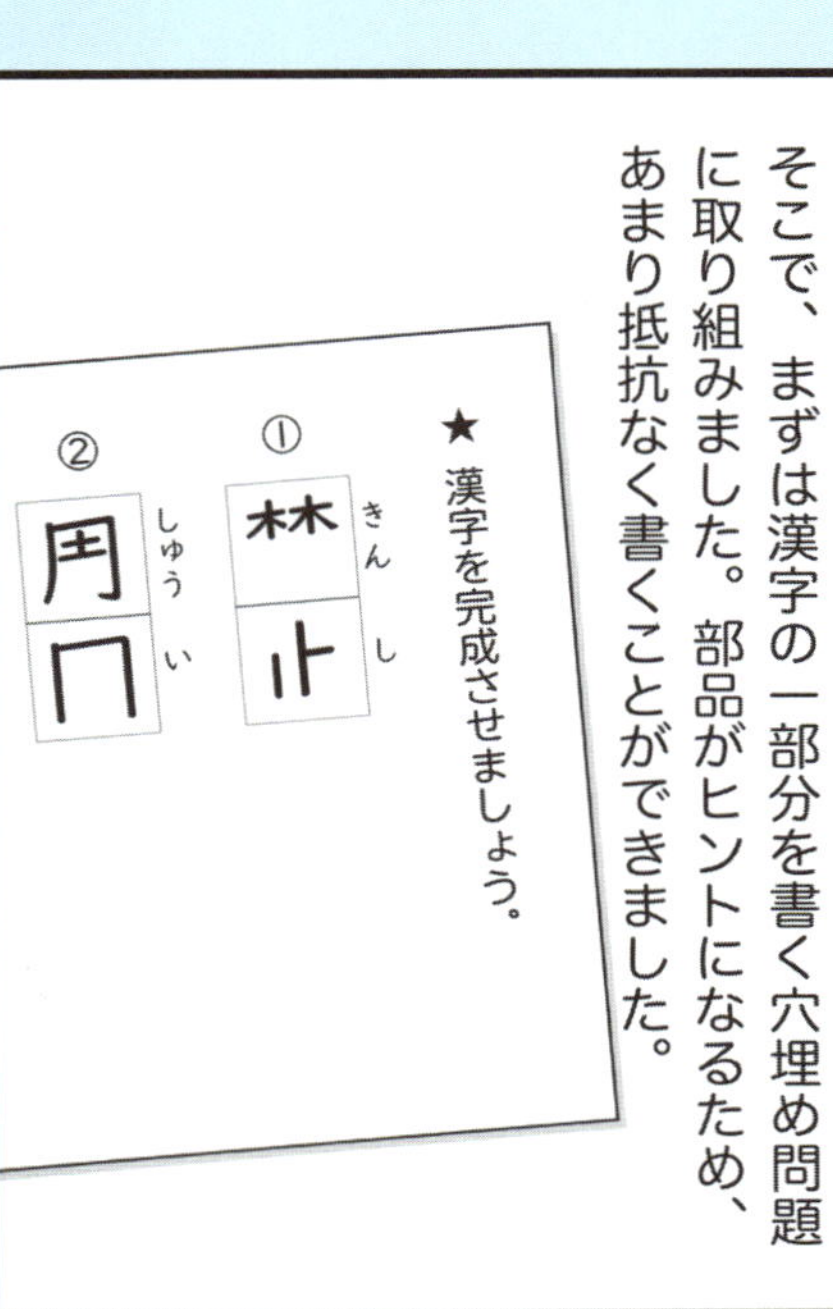

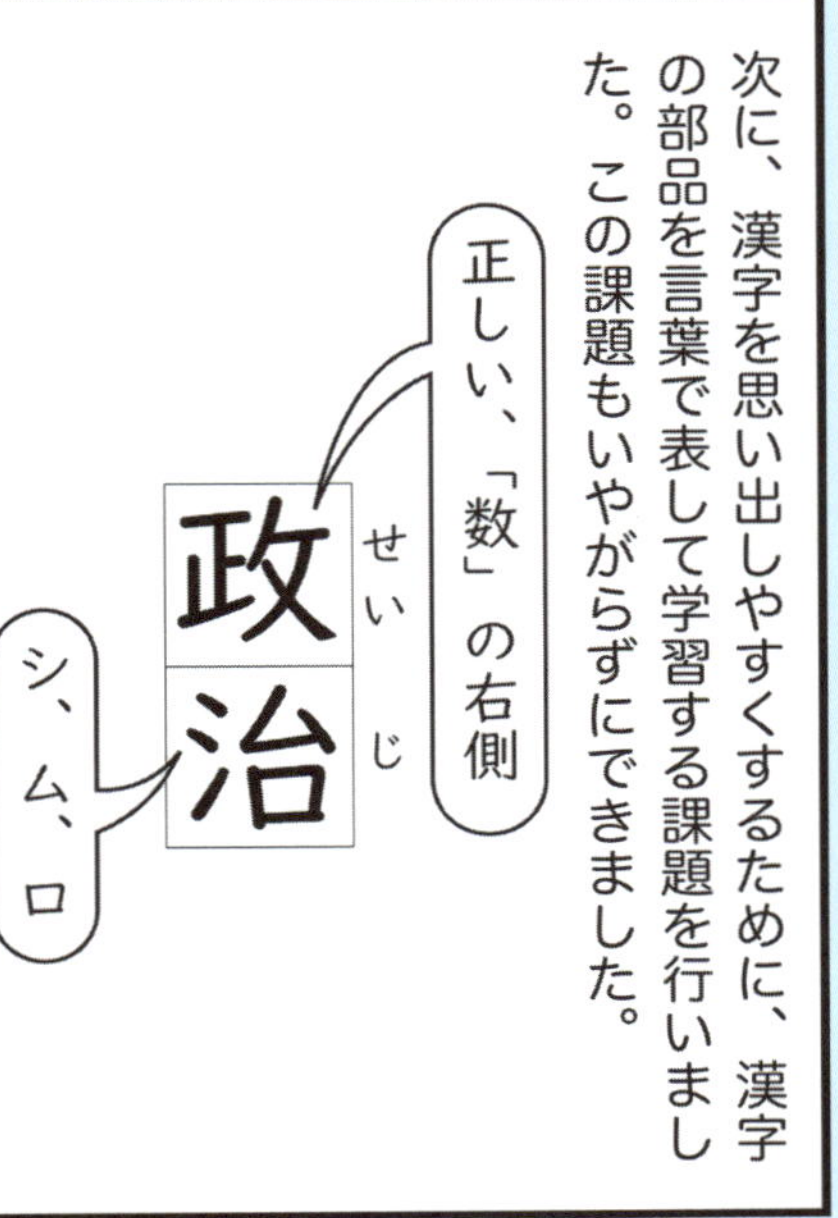

Case5
解説-1

くり返し書く以外の方法で練習をしましょう

くり返し書くことが苦手な子ども

一般的な漢字の書きの練習は、くり返し書く反復練習が主となっています。しかし、うまく漢字の形を認識できない子どもの場合は、たくさん書いているうちに違う文字になってしまったり、1文字を書くのに長時間かかったりすることもあります。

書くことをいやがる子どもも多いため、くり返し書くことを強要するのは、漢字の練習にならないだけでなく、学習がいやになるなど逆効果になりかねません。書かなくても覚えられる方法や、少しの量だけ書けばいい工夫を、親子で考えていきましょう。

「書かない」子ども

高学年になると、漢字が「書けない」子どもだけでなく、この事例のように「書かない」子どもが出てきます。

このような子どもは、何度練習してもうまく書けないという経験が続き、「やってもできない」「がんばるだけむだ」「どうせ自分はだめなんだ」など、やる気をなくしてしまっていることが多いです。

こういった場合、まずは教材の工夫によって「これならできる」「自分にも書けそう」と思わせることが大切です。そして、やってみた結果、「自分にもできた！」という経験を積み上げていく必要があります。

漢字を覚える方法の工夫

この事例のように、書くことに対する抵抗感が強い場合、新しい漢字を最初から全部書いていったり、何度もくり返し練習したりといった方法で覚えるのは難しいでしょう。

そのため、穴埋め問題のように、そもそもの書く量を減らすことで、取り組みやすい課題にすることが大切です。慣れてきたら、少しずつ書く量を増やしていきましょう。

また、たくさん書かずに覚える方法としては、漢字の部品の言語化があります。「シとムと口で治」など、ゲーム感覚で漢字に言葉をつけていきましょう。読みが得意な場合には、比較的取り組みやすい課題です。

Case5
解説-2

漢字を部品に分解するスキルが必要です

漢字を部品に分解する意味

漢字の書きが苦手な子どもの背景には、漢字を部品に分解することや、それを組み立てることといった視覚情報処理（目で見たものを、頭の中で意味のあるものとして組み立てること）の苦手さがある場合があります。

人が記憶できる容量には限りがあるので、1画ずつ覚えていくよりも、部品のまとまりで覚えていく（たとえば「親」の場合は、「立・木・見」の3つのまとまりにする）ほうが定着しやすいです。「親」の場合は、16画覚えなければならないところを3部品まで減らすことができます。さらに、これらの部品には音を当てはめていくことができる（たつ・き・みる）ため、何度も書かなくてもくり返し唱えることで覚えることができます。

そのため、漢字を部品に分解するスキルとそれらを組み立てるスキルを身につけることが大切です。何度も漢字を書く練習よりも、漢字の部品を丸で囲んで分解するような練習を優先しましょう。

苦手さのタイプに合わせたサポートを

漢字の書きが苦手な子どもには、この事例のように漢字の部品を意識することが苦手なタイプ以外にも、そもそも漢字が読めなくて書けないタイプの子どももいれば、手先の不器用さがあるために筆記用具の操作が苦手で書けない子どももいます。それぞれの苦手さに応じたサポートをしていく必要があります。

漢字が読めないタイプ

音で問題を提示するという方法もありますが、読めない文字は書けなくて当然ですので、事例4（52ページ参照）のような漢字の読みの練習を優先しましょう。

手先の不器用さがあるタイプ

くり返し練習をするだけでは効果はありません。すべり止めマットや、持ちやすい三角鉛筆、2Bや4Bなどの濃くて柔らかい鉛筆を使うなどの工夫で改善していくことがあります（『小学校低学年』事例3を参照）。

Case 6

文と文との関係を理解することが苦手

いつきさんの家での様子

小学4年生のいつきさんは、漢字の読み書きは問題なくできますが、少し長い文になると意味を理解できていない様子が見られました。
主人公は何をしましたか？
…？

国語では、文を音声で聞くとだいたいの意味はわかるようでしたが、自分で読んで理解することは苦手そうです。

だれが話しているのですか？

大人からの質問にも、単語で答えることが多いです。
友達とどこで何をしてきたの？
公園

学年が上がるにつれ、教科書の文章も長く複雑になってきたので、保護者は心配になっていました。
読解力は大丈夫かな…

家庭でできるサポート例

専門機関に相談したところ、文をつなぐ言葉（接続詞）が苦手な傾向が見られたため、次のような課題に取り組むことになりました。
文と文をつなぐ言葉が苦手なようですね

短い文と文を読んで、それをつなぐ接続詞を考える課題です。

★ つなぐ言葉を書きましょう。

① 雨がふっている。（しかし）、かさがない。

② おなかがいたい。（だから）、学校を休む。

また、日常会話の中でも、保護者が意識して接続詞を使うことで、いつきさんは、文と文の関係を理解できるようになってきました。

ブランコで遊んだのね それから、どうしたの？

えっと、それから…

Case6
解説-1

接続詞や指示語を改めて学習する機会を作りましょう

接続詞や指示語を理解しているか確認する

文をつなぐ言葉（接続詞）や、こそあど言葉（指示語）などの使い方は、日常生活の中で自然に身についていくことが多いです。国語の授業で学習する時間もありますが、短時間です。しかし、これらの使い方のスキルが身についていないために、文章の読解に困難を示す子どもがいます。

このような子どもについては、接続詞や指示語などの使い方を改めて学習する機会を作ることで、学習全般の理解が進む場合があります。子どもが接続詞や指示語を理解しているかどうか確認してみることが大切です。

接続詞の使い方を練習する

接続詞の使い方を理解するために、プリント学習や会話の中で、次のような練習をするとよいでしょう。

①文と文をつなぐ接続詞を考える。

・雨がふっている。（しかし）、かさがない。
・おなかがいたい。（だから）、学校を休む。

②接続詞の後ろの文を考える。

・雨がふっている。しかし、（朝は晴れていた）。
・おなかがいたい。だから、（トイレに行く）。

指示語の使い方を練習する

指示語の使い方を理解するために、次のような練習をするとよいでしょう。

①会話の中で、指示語が指す対象を探す。
・親子の会話の中で、「あれ取って」「ここに行ってみたい」「それ知らない」など指示語を使い、子どもに指示語が指す言葉を言わせる。

②文の中で指示語が指し示す言葉を探す。

・きのうは動物園に行った。そこには、かわいい動物がたくさんいた。

Case6 解説-2

日常会話の中でも接続詞や指示語を含んだ文を練習しましょう

日常会話の中で練習する

文と文の関係を理解するために必要な接続詞や指示語の使い方は、日常会話の中でも練習できます。

子ども本人の中では言葉の関係を理解できていたとしても、この事例のように単語だけで答えてしまうと、ほかの人とうまくコミュニケーションを図れないことがあります。そのため、親子の会話の中で、「それからどうしたの？」「そのあとは何をしたの？」など、接続詞や指示語を意識して使いながら質問をしていくとよいでしょう。保護者から質問を投げかけることによって、子どもが接続詞や指示語を含んだ文を耳にする機会や活用する機会を増やしていきましょう。

苦手さに合わせたサポートを

文と文との関係を理解することが苦手な子どもの中には、そもそもひらがなや漢字などの文字を読むことが苦手なタイプの子どももいます。苦手さのタイプによって必要なサポートが異なるので、苦手さに合わせたサポートを検討することが大切です。

ひらがなが読めないタイプの子どもは、単語をまとまりとしてとらえる練習（『小学校低学年』事例11参照）が必要です。音読で読み詰まりがある場合には、このタイプの可能性があります。

漢字が読めないタイプの子どもは、ふりがなを振ることで文章が読みやすくなります。テストにもふりがなをつけることができる場合があるので、先生に相談してみましょう。

このような教材を使ってみるのもいいですね

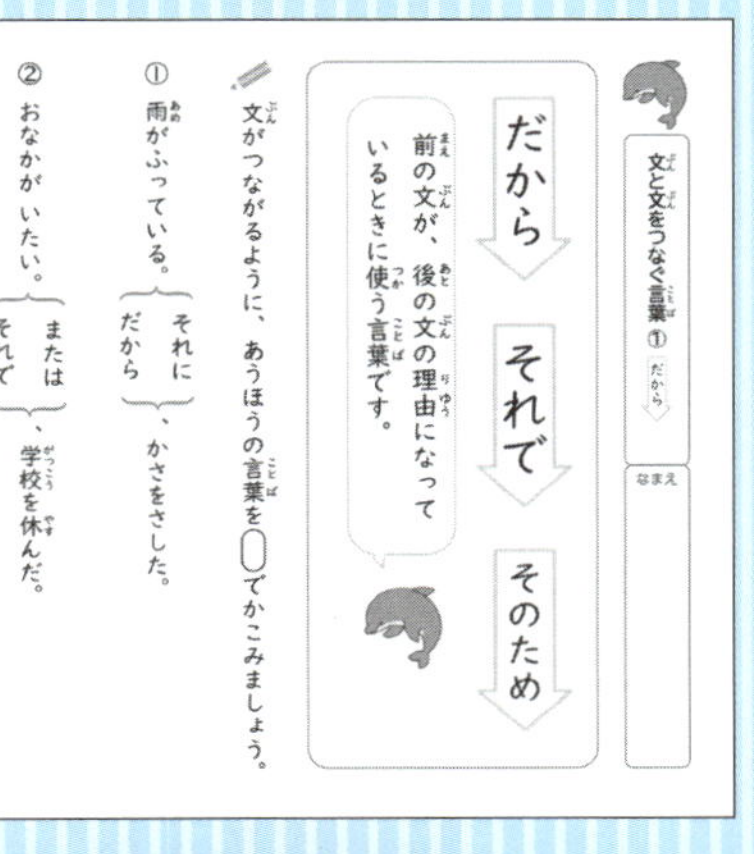

文と文をつなぐ言葉① だから

なまえ

だから　それで　そのため

前の文が、後の文の理由になっているときに使う言葉です。

文がつながるように、あうほうの言葉を○でかこみましょう。

① 雨がふっている。（それに／だから）、かさをさした。

② おなかがいたい。（または／それで）、学校を休んだ。

③ 今日はプールの授業がある。（だから／しかし）、水着を持ってきた。

④ 先生がかぜをひいた。（そのため／けれども）、みんなが心配している。

⑤ ほしい本がある。（それで／しかし）、本屋に買いに行った。

https://irukakikaku.com/

▲「文と文をつなぐ言葉」の練習プリント

ダウンロード教材

Case 7

読解の問題が苦手

ゆいとさんの家での様子

小学6年生のゆいとさんは、漢字の読み書きや言葉の問題はできるのですが、読解の問題が苦手です。

国語のテストでは、理由や主旨を問われる問題や、要点をまとめて書く問題などでなかなか丸になりません。

本人が困っていましたが、保護者に相談しても、あまり取り合ってもらえませんでした。
塾に行きたい
小学生のうちは元気ならいいのよ

中学校の学習が心配なゆいとさんが、保護者に何度も困っていることを訴え続けたので、専門機関で相談してみることになりました。

一生懸命やってもだめなんだ！

家庭でできるサポート例

専門機関の先生からは、ゆいとさんは、時系列のとらえ方や、因果関係を理解することに課題があるようだと言われました。
時系列や、理由を考える問題などが苦手でしょう

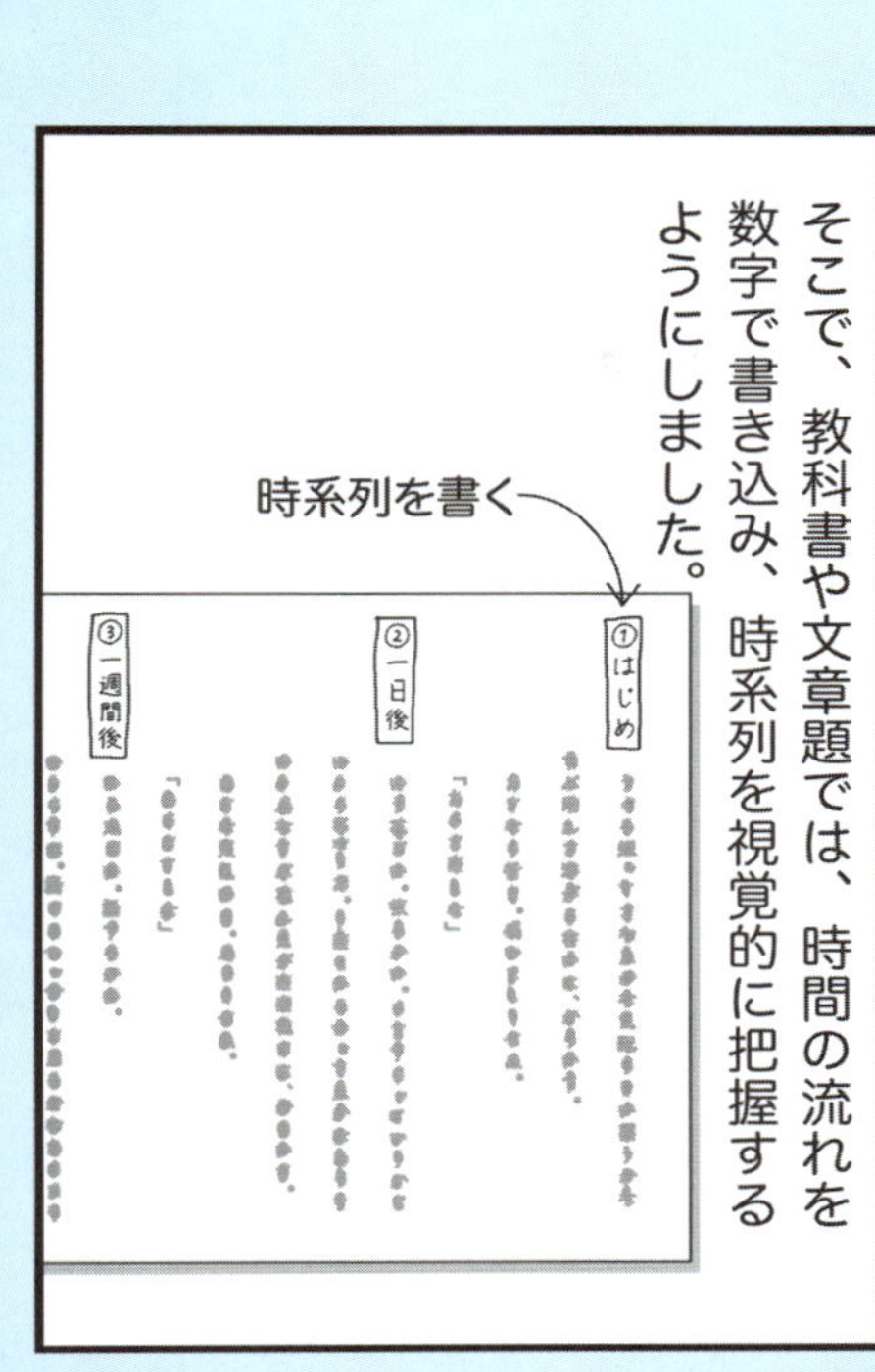

そこで、教科書や文章題では、時間の流れを数字で書き込み、時系列を視覚的に把握するようにしました。
時系列を書く
①はじめ
②一日後
③一週間後

また、因果関係については、日常的に「なぜそうなるのか」や「その結果どうなったのか」を意識して生活するようにしました。
ねぼうした。
それはゲームをしすぎたからだ。

次第に長い文の把握もできるようになり、国語以外の教科でも文章を把握しやすくなりました。中学校でもがんばると言っています。
これは、こうだからこうだな…

Case7
解説-1

時系列や因果関係を把握する練習をしましょう

どこでつまずいているのかを把握する

この事例では、国語の読解問題の中でも、特に時系列の流れを理解したり、因果関係（原因と結果）や文の前後の関係を把握したりするのが苦手な子どもについて取り上げました。

読解が苦手な子どもといっても、それが何に起因するかはさまざまです。この事例のように因果関係の把握が苦手なタイプもいれば、事例6のように文法の理解が苦手なタイプもいます。まずは、どの部分が苦手なのかを把握することが大切です。そして、その苦手な事項を取り上げて練習することで読解力が高まります。

時系列の流れを整理する練習

言葉よりも視覚でとらえるほうが得意な子どもであれば、文章の時系列を目で見て理解できるように、数字や矢印を文章に書き込むことが有効です。

視覚でとらえるよりも、言葉で聞くほうが得意な子どもの場合には、耳で聞く方法で、時系列の流れを整理しましょう。

たとえば保護者が、「最初にどうしたの？」「次に？」「それから？」「最後にどうなったの？」など、子どもに質問して回答させることで、紙に書かなくても、時間軸を整理することができます。

因果関係を把握する練習

「なぜそうなるのか」「その結果どうなったのか」など、物事の因果関係を把握することが苦手な場合は、〈なぜならこうだから〉〈だからどうなったのか〉というように、接続詞を使って文や物事を整理できるようになると、読解力がついてきます。

これは、言葉の力が安定している子どもであれば、日常会話の中でも練習することができます。たとえば、子どもが日常的に目にする記事などを題材に、「それでどうなったの？」「だからどう思ったの？」などの会話を親子で積み重ねることで、次第に因果関係を読み取る力が育ってきます。

生活の中でも因果関係を把握する経験を積みましょう

興味の対象を拡大させる

長文を読んで意味を理解するのが難しい子どもは、因果関係を把握することの苦手さが背景にある場合があります。「図書館では静かにする」というような社会的なルールや常識は知っているものの、「どうして静かにしないといけないのか」という説明がうまくできない場合には、因果関係の把握が苦手といえます。

小学校入学前に、物事に対して「なんで？」「どうして？」という疑問をもちにくかった子どもや、「なぜ○○をしたら△△になるのか」といった原因と結果の関係を説明しても、意味をよく理解できないまま過ごしてきた子どもに多いです。

今からでも遅くはないので、学校生活や家庭の中でいろいろな経験を積んで興味の対象を拡大させることや、疑問に対して自分なりの答えを見つけだす練習を積み重ねていくことが大切です。

理由を言葉にして示す

因果関係を把握する経験は、日常生活や会話の中でも積み上げていくことができます。

「図書館では静かにする」「学校の廊下は歩く」などのルールは、ふだんの生活の中で「なぜそうしなければならないのか」を自然に理解していくことが多いですが、実際に言葉にして習う機会はあまりありません。そのため、因果関係の把握が苦手なタイプの子どもに対しては、「図書館で騒ぐと、本を読むことに集中できないから静かにする」「学校の廊下を走ると、転んだり人にぶつかったりするかもしれないから歩く」など、言葉で直接的に示すことも大切です。

学習していないことはできなくても仕方がないので、言葉にすることで、学習したことを増やしていきましょう。こうして得られた因果関係を把握する力は、読解力につながるだけでなく、学校生活や社会生活の中で円滑なコミュニケーションを図るための力にもなります。

Case 8

一度覚えた読み方を修正できない

つよしさんの家での様子

小学6年生のつよしさんは、友達との交流は苦手ですが、学習は得意なほうです。遊ぶ前に宿題をするというルールも守れています。

宿題やったの？

やったよ

ピッ ピッ

しかし、お母さんには気になることがありました。生活の中で、漢字の読みまちがいが多いのです。

お母さん、レンジは「強（つよ）」でいいの？

え、うん、「強（きょう）」でお願いね

お母さんは、まちがいに気づくと正しい読み方に訂正していますが、一向に修正される様子がありません。
この服、前後（まえあと）がわかんないね
これ、大小（おおしょう）のどっちがいい？

漢字の書きの小テストや、国語のテストの点数は悪くないので、学校からは特に何も言われませんが、お母さんは心配していました。

点数はいいんだけど…

家庭でできるサポート例

お母さんは、思い切って専門機関で相談してみました。
心配しすぎでしょうか？学習障害なのでは？
検査してみましょう

検査の結果、全体的な理解力は平均的で、読み書きの力の遅れもありませんでした。
読み書きの力はありますよ

そして、漢字が読めないわけではなく、最初に覚えた読み方を優先して解答してしまうタイプではないかと指摘されました。
漢字の読み方は一つではないことを、理解できるといいですね

そこで、家庭学習で、二つ以上の漢字の読み方の練習に取り組んでみたところ、解答できるものが次第に増えていきました。
この読み方は？
まえあと
前後
もういっこは？
ぜんご！
前後

Case8
解説-1

複数の読み方の練習をしましょう

複数の読み方に慣れておく

使っている教科書にもよりますが、低学年では、漢字の読み方を一度に一つしか習わない場合が多いです（「月↓つき」、「水↓みず」など）。最初に一つの読み方を覚えた子どもは、同じ漢字に複数の読み方があること（「月↓つき・げつ・がつ」、「水↓みず・すい」など）を受け入れられない場合があります。そのため、学校では一つの読み方しか習わなくても、家庭では、読み方が複数ある漢字の読み方を練習し、慣れておくとよいでしょう。

また、学校では漢字の「書き」のテストが実施されることが多いため、漢字の苦手さは「書き」で評価されることが多いですが、この事例のように「読み」ができていない場合もあります。漢字の読みを改善していくことは、書きの改善にもつながります。漢字の書きが苦手な場合は、まず、読みができているかどうかを確認することも大切です。

複数の読み方の練習をする

たとえば「風車」には、「かざぐるま」という訓読みと、「ふうしゃ」という音読みがあります。このような、読み方の違いを意味によって使い分けられるようになることも大切です。また、「風車」のように、読み方によって意味が異なる場合もあれば、「市場(しじょう・いちば)」のように、読み方が違っても意味はほぼ同じものもあるので、意味についても確認しましょう。

書くことに抵抗感のある子どもの場合は、親子で会話しながら学習するのもよいでしょう。たとえば、「色紙」の読み方を聞き、一つ答えられたら、「もう一つの読み方は?」「ほかの読み方も教えて」と聞きます。書くよりも短時間でできますし、会話の中で意味の理解を確認することもできます。

いろいろな読み方のある漢字③

なまえ

いろいろな読み方のある熟語があります。読み方によって、意味がちがいます。

〈れい〉
風車（かざぐるま／ふうしゃ）
色紙（いろがみ／しきし）

（　）に読み方を書きましょう。

① おり紙で風車（　）を作る。
② 大きな風車（　）がある公園。
③ 色紙（　）を使って工作する。
④ 野球の選手が色紙（　）にサインする。

https://irukakikaku.com/

▲「いろいろな読み方のある漢字」プリント

Case8
解説-2

自分で考えさせる声掛けが大切です

こだわりを認めながらサポートする

この事例のような子どもは、背景にＡＳＤの特性（28ページ参照）がある場合があります。漢字の学習に限らず、一つの物事にこだわりをもつと、なかなかそれを変えることができないタイプの子どもです。

このような場合、「あなたの解答がまちがっているわけではない」と、子どもの解答を認めた上で、「漢字にはほかにも読み方がある」ことを伝え、ほかの読み方の学習を行うと受け入れられやすいでしょう。一度覚えたことを修正するのは難しくても、もう一つ覚えることは比較的スムーズにできることが多いので、子どもの解答を認めながら、肯定的にサポートする姿勢が大切です。

子どもに考えさせる声掛けを

この事例のような子どもに対し、何度もくり返し書かせたり注意したりしても、改善に向かいません。わざとまちがえているわけではないので、叱ったり、まちがいをただ指摘したりしても、あまり効果はありません。

高学年であれば、保護者から正解を教わるのではなく、**自分で考えさせることも大切**です。「ほかの読み方はなかったっけ?」「どこがちがうと思う?」など、子ども自身に考えさせ、学習の幅を広げるような声掛けを心掛けましょう。

Case 9

文などの語尾を推測読みする

だいきさんの家での様子

だいきさんは、小学3年生です。1年生のときに先生からこんな連絡がありました。

音読が苦手なのでおうちでも練習を見てあげてください。小さい「ゃ・ゅ・ょ」なども苦手そうです。

しかし、上の兄弟と比べて音読はできていましたし、小さい「ゃ・ゅ・ょ」も書けていたので、あまり気にせず、宿題も一人でさせていました。

しかし、3年生になって、また先生から同じような連絡がありました。

だいきさんは、音読が苦手なので、練習してください。

またダわ

改めて教科書と見比べながらだいきさんの音読を聞いてみると、文末の表現が教科書とは少し違っていることに気がつきました。

…楽しかったそうです。
…くらしましたとさ。
…楽しかったのです。
…くらしました。

家庭でできるサポート例

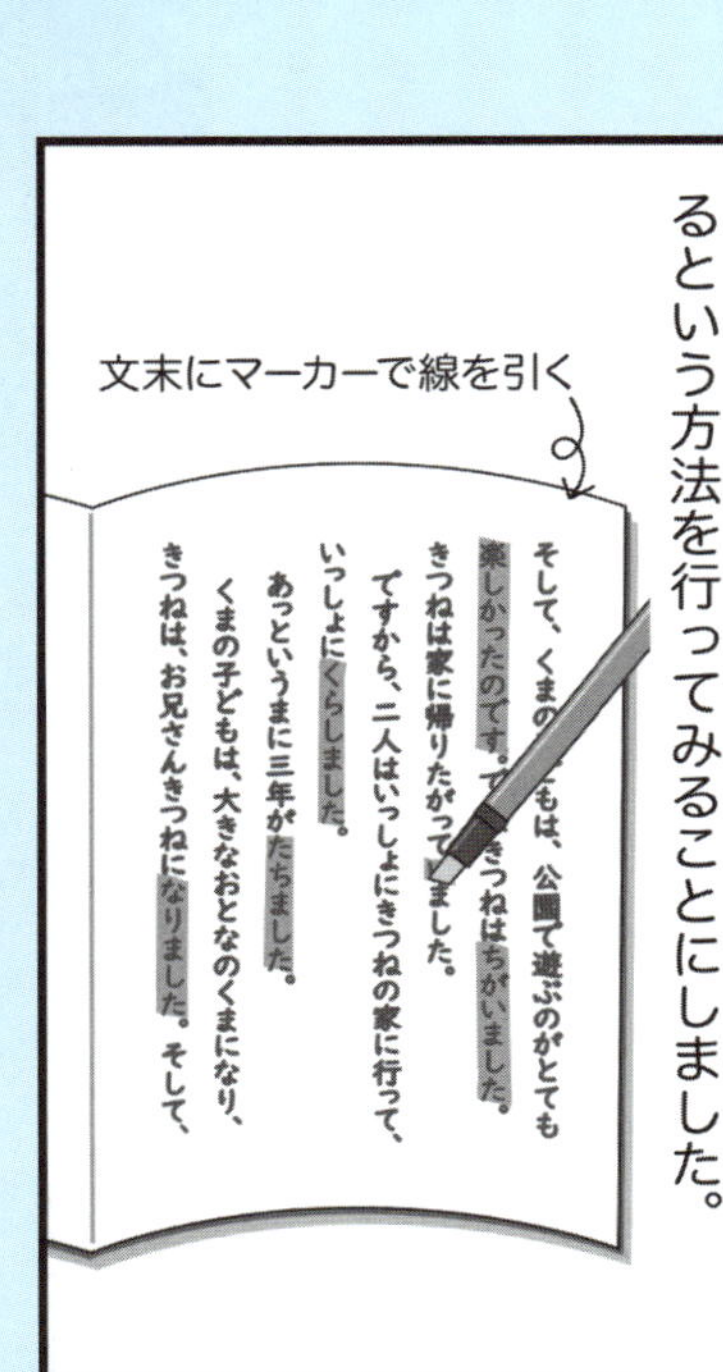

自分でできる工夫を、家で練習しましょう

苦手な部分を意識して練習する

文字と音との対応関係は理解できているものの、「楽しかったのです」を「楽しかったそうです」と読むような語尾の推測読みや、「わたしを」を「わたしは」と読むような助詞の変更などの読みまちがいが多く見られた子どもの事例です。

このように、文末や細かいところに注目するのが苦手で、文を読んでいる途中で、「たぶんこんな内容だろう」と推測して読んでいる場合は、**文末に線を引くという練習**が有効です。練習をくり返していくうちに、子ども自身で「自分は文の最後を正しく読むことが苦手だから文末に注目しよう」と意識できてくると、線を引かなくても正しく読めることが増えていくでしょう。

このように、中高学年では、苦手な部分を子ども自身が意識できるようになってきます。苦手な部分を工夫して練習することで、学校のテストなどでの誤答を減らすことができます。

自分でできる工夫を練習する

この事例のような場合は、大人がそばについて、問題文を最後まで子どもと一緒に読み上げれば正しく解答できることが多いのですが、教室の中でできる個別の支援には限界があります。

中高学年では、自分でできることも増えてくるため、「自分で文末に線を引く」「自分でマーカーペンを使って文字を追う」などの工夫を家庭で練習してみましょう。声や音を出さずに一人でできる工夫にするなど、周囲への配慮も必要です。

また、その工夫については、事前に担任の先生に相談しておくことも大切です。

自分の苦手を意識する

推測読みが多い子どもは、自分がまちがっていることに気がついていないため、困り感を自分自身で感じていないことが多いです。

読み書きだけでなく、学習全般に共通して言えることですが、子どもが自分で困り感を自覚した上で、「正しく読みたい」「できるようになりたい」という意欲をもつことが、効果的な学習を進めるためには大切です。

困らせる必要があるというわけではないですが、自分が苦手なものは何か、何ができていないのかを意識させることも大切です。そのために、自分の「できていること・できていないこと」をリストにしてみるのもよいでしょう。

Case9 解説-2

具体的な行動をうながす声掛けをしましょう

集中力が続かない子どもへのサポート

この事例のような推測読みが多い子どもには、背景にＡＤＨＤの特性（26ページ参照）がある場合があります。

ＡＤＨＤの特性が強い子どもは、長い文章を読むときに途中で飽きてしまったり、集中力が続かず、文章を最後まで目で追わずに推測して読んでしまったりすることがあります。また、細部を意識することが苦手で、読み誤りが多いこともあります。学習だけでなく、日常生活の中でも、飽きっぽかったり、落ち着きのない行動が多かったり、次の課題にスムーズに移行できなかったりする場合があるでしょう。

このような子どもに、文章を最後までていねいに読ませるために、「集中して」と声を掛けるだけでは、なかなか改善しません。前ページで紹介したような具体的な工夫をしながら、子ども自身が自分で改善していけるようにサポートしましょう。

具体的な行動をうながす声掛けを

集中力が続かず、推測読みが多い子どもに対して、「最後までちゃんと読んで」「問題をよく読んで」などの声掛けをしても、あまり改善が見られません。「問題文に線を引こう」「指でたどりながら読んで」など、最後まで文に注目するための**具体的な行動をうながす声掛け**をしましょう。

テストなどでは、問題文を最後まで読まずにまちがえることが多いかもしれません。その場合は、問題を解き終えたあとに、自分で見直す習慣をつけることも大切です。見直しについても家庭学習の中で練習しましょう。

×効果の薄い声掛け

○行動をうながす声掛け

Case 10

漢字の一部が入れ替わったり欠けたりしている

あすかさんの家での様子

あすかさんは、小学5年生です。友達と交流が多いほうではなく、一人でお話を想像するのが大好きです。

漢字の読みはよくできていて、お姉さんの教科書も読めるほどです。漢字の学習について、学校から問題を指摘されることはありませんでした。

しかし、お母さんは心配していました。漢字の部分が入れ替わっていたり、存在しない漢字を書いたりすることが多かったからです。

お父さん、どう思う？
新しい漢字を作る天才なんじゃない？

お母さんは、このようなまちがえ方をするのはなぜなのだろうと感じていました。

家庭でできるサポート例

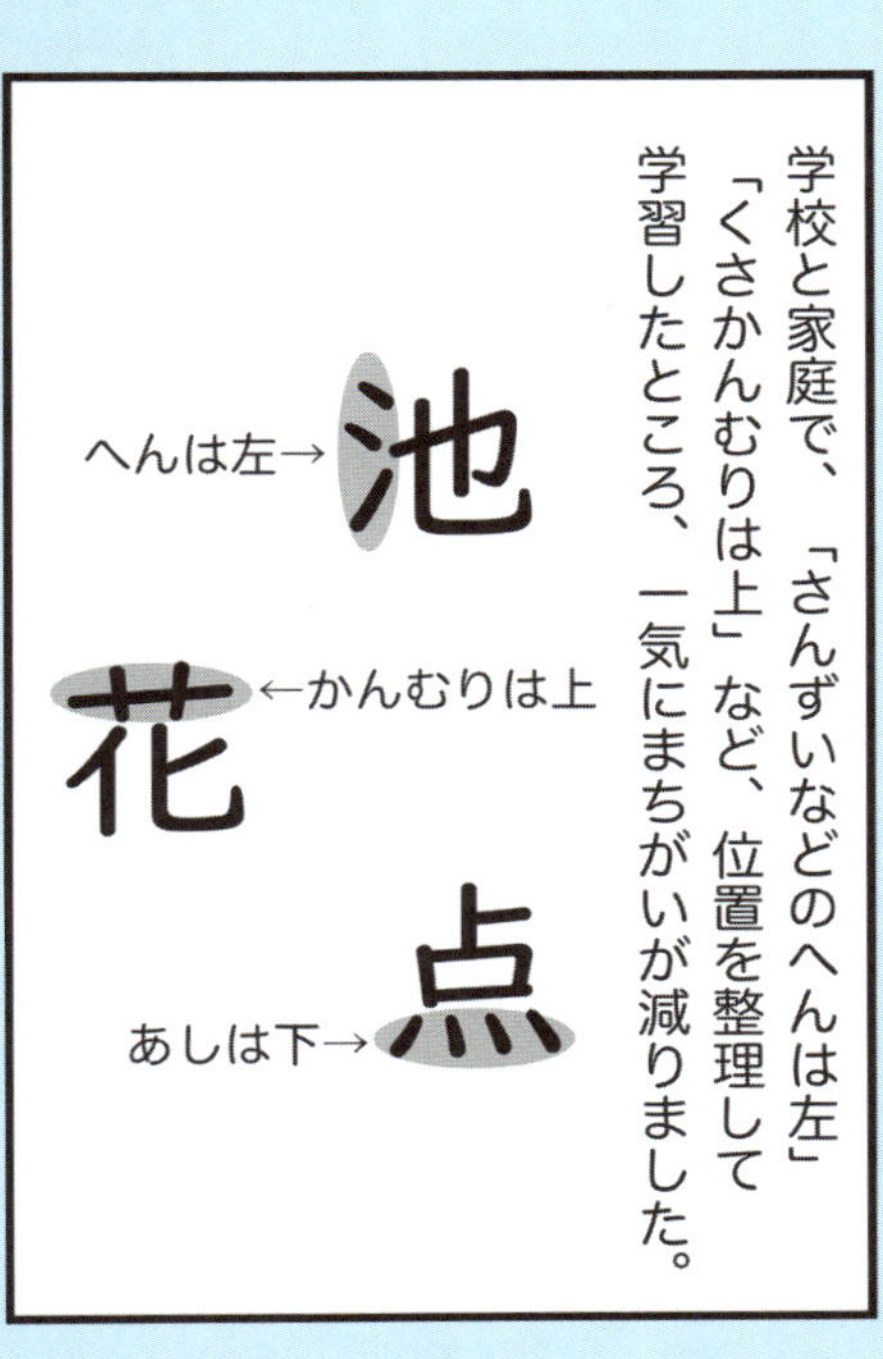

Case10
解説-1

漢字の組み立てのきまりを改めて確認しましょう

漢字の組み立てのきまりを確認する

漢字は、へんは左にあって、つくりは右にあるなど、ある程度決まった組み立てのきまりがあります。学校では、部首の名前については学習しますが、位置のきまりを確認する機会が少なかったり、あっても年に一度くらいだったりします。

何度も漢字を書くことで、自然に身につくきまりもありますが、くり返し書くことが苦手な子どもの場合は、これらのきまりを改めて確認することで、漢字の学習がスムーズに進むようになる場合があります。

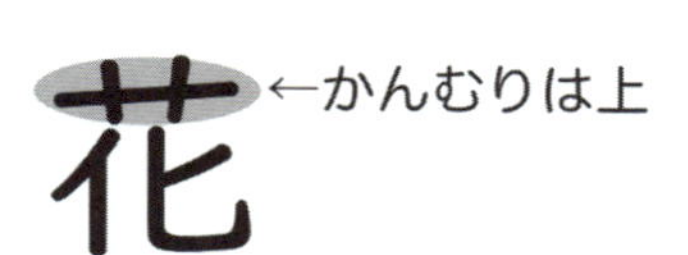

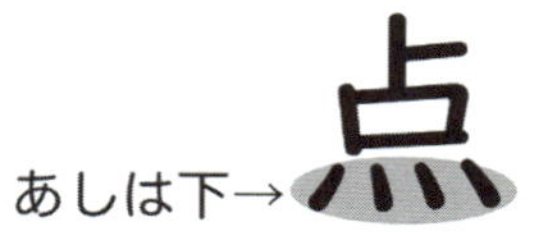

▲漢字の組み立てには決まりがある

部首のきまりを整理する

漢字の部首のきまりについて、子どもと一緒に次のような手順で学習してみましょう。

①習った漢字から、同じ部首の漢字をピックアップし、「くさかんむり（草・英・茶・芸）」「さんずい（海・泳・決・注）」「しんにょう（道・近・通・逆）」など、部首ごとに整理してノートに書きます。

②「くさかんむりは上にある」「さんずいは左にある」など、部首の位置のきまりを確認します。「部首図鑑」などを自分で作成してみるのもよいでしょう。

③クイズやかるた形式で組み合わせを練習します。高学年になると同じ部首の漢字が増えてくるので、組み合わせのパターンも増えていきます。

3年 漢字の組み立てのきまり ①【へん】 なまえ

漢字は、二つに分けられるものが多いです。左の部分を「へん」といいます。

へん

体（からだ） 地（ち） 村（むら） 池（いけ）

「へん」には、名前がついています。「へん」は、漢字の意味を表しています。

亻 にんべん 「人」の意味です。
土 つちへん 「土」の意味です。
木 きへん 「木」の意味です。
氵 さんずい 「水」の意味です。

▲クイズ 正しい漢字を二つえらんで、○をつけましょう。

（　） 村 （　） 池

https://irukakikaku.com/

▲「漢字の組み立てのきまり」練習プリント

ダウンロード教材

Case10 解説-2

自分で答え合わせをするのも効果的です

独自の文字を書いてしまう子ども

この事例のように、自分の世界があって何かに没頭したり、独自の文字を書いたりするような子どもには、背景にASDの特性（28ページ参照）があることも考えられます。

この事例の子どもは、漢字などの実際に存在するものよりも、自分の頭の中で思い浮かべたことを優先してしまうため、この世に存在しない文字を書くことがありました。

こういった場合、自分で気がついて修正できるようになるまで待つよりは、漢字の部首や組み立てのきまりを改めて確認するとよいでしょう。ASDの特性が強い子どもは、きまりやルールには従えることが多いため、正しい文字を書くことにつながります。

また、正しい漢字の形を提示し、自分で書いた文字と見比べていくことも効果的です。見比べる機会を増やしていくことで、次第に正しい文字を意識して書くことができるようになっていきます。

自分で答え合わせをする

誤字が多いタイプの子どもには、「書き終わったあとは見直すこと」を習慣づけることも大切です。しかし、この事例のようにASDの特性が強いタイプの子どもの場合、**見直しをしても自分のまちがいに気がつかないことが多い**です。

このような場合、ドリルやプリントであれば、「自分で解答書を見て答え合わせをする」方法が効果的です。きまりやルールには従えることが多いため、印刷された解答書を自分の目で確認した場合には、修正できることが多いです。

しかし、中には、自分の書いた文字を書き直すことに抵抗を示す子どももいます（『小学校低学年』事例6参照）。そういった場合は、デジタル機器を使うのも一つの方法です。漢字を書いたら即時に誤りが指摘されるアプリなどで練習すれば、あまり抵抗なく誤字を直すことができるでしょう。

はるかさんの
家での様子

Case 11

漢字の書きで画が多かったり不足したりしている

小学4年生のはるかさんは、漢字の書きのテストで満点が取れません。読みはできていて、書きも全く書けないわけではありません。

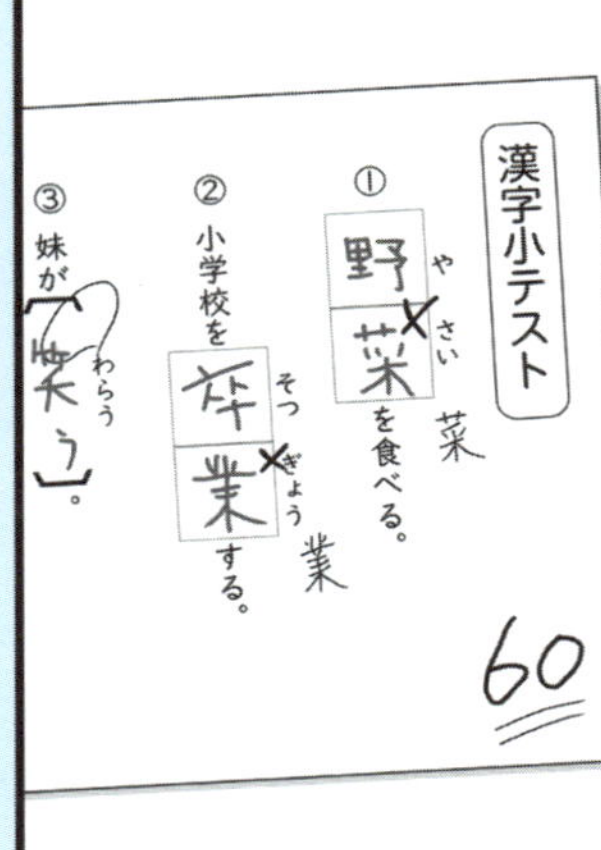

しかし、漢字の解答を見ると、1画不足していたり、1画多かったりすることが多く、バツや減点になってしまうのです。

いん
おっと

はるかさんは、学習意欲が高く、漢字ドリルは毎日2ページやると決めて、宿題以上に練習していました。

まちがえずに
正しい字を書きたい…

カリ
カリ

でも、漢字のノートを見ると、やはり画が多かったり少なかったりしているので、保護者はどうしたらいいか困っていました。

家庭でできるサポート例

担任の先生に相談し、くり返したくさん書くのではなく、1文字ずつを正しく書くように練習方法を変えることにしました。
宿題は、正しく3回書くようにしましょう

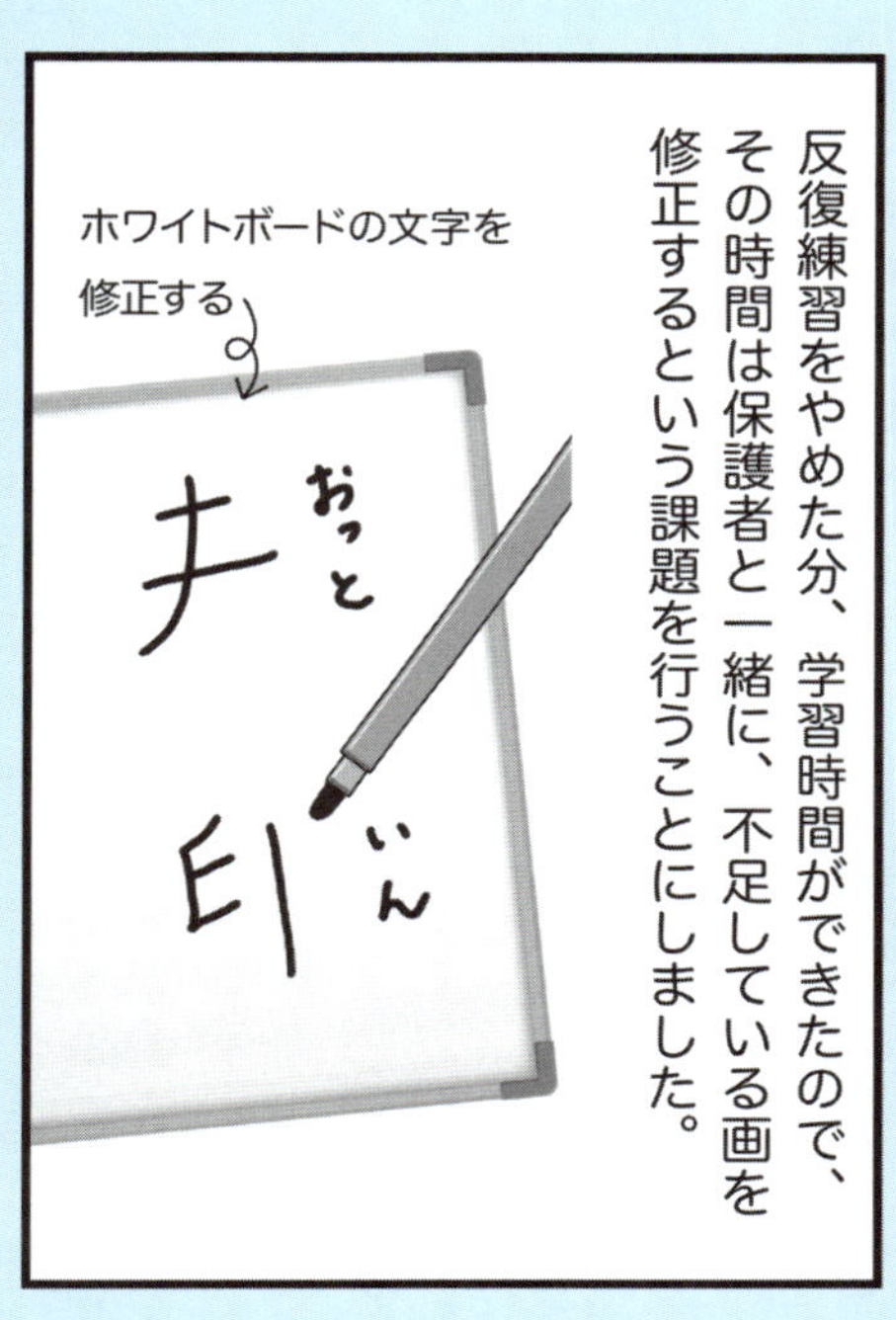

反復練習をやめた分、学習時間ができたので、その時間は保護者と一緒に、不足している画を修正するという課題を行うことにしました。
ホワイトボードの文字を修正する
おっと
いん

最初はお母さんと二人で行っていましたが、次第に一人でも課題に取り組むことができるようになってきました。

はるかさんは、だんだん細部のまちがいやすい部分を自分で認識できるようになり、満点を取れることが増えてきました。
やった、満点！
100

Case 11
解説-1

漢字の細部に着目するための練習をしましょう

少ない回数を正しく書く

学校の先生を含め、私たち大人はたくさんノートに書くことで漢字を身につけてきました。そのため、とにかくたくさんくり返し練習すれば書けるようになると思っている大人も多いですが、まちがった字をたくさん反復練習しても、正確な文字は身につきません。

細部がうまく覚えられない子どもの場合は、たくさん練習するよりも、少ない回数で正しく書いたほうがよい場合があります。子どもに合ったやり方で練習することが大切です。

漢字の細部に着目する練習方法

漢字の細部に着目するための練習をしましょう。親子で取り組める練習としては、次のような方法があります。

漢字あなうめクイズ

出題者が漢字を途中まで書いて、解答者が残りの部分を書きます。書いたり消したりしやすいホワイトボードを使うとよいでしょう。親子で出題者と解答者を交代しながら取り組めば、ゲーム感覚で書く練習ができます。

漢字のまちがいさがしクイズ

出題者が、出題する漢字をホワイトボードに書いたあとに、1画増やしたり減らしたりして解答者に渡し、どこがまちがっているかを聞きます。画の過不足に注目させることがねらいです。

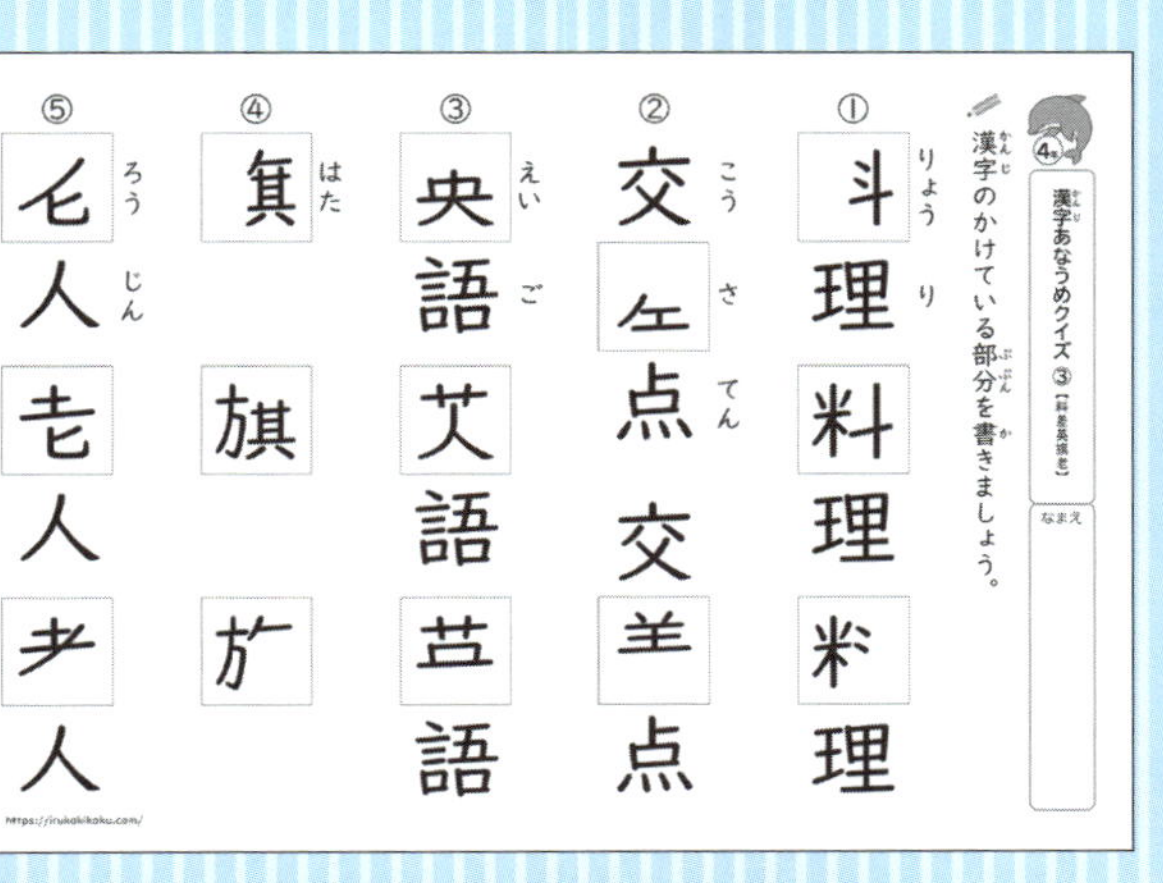

▲「漢字あなうめクイズ」プリント

ダウンロード教材

Case 11 解説-2

自分の文字を見直す習慣をつけましょう

自分の文字を見直す習慣をつける

この事例のような子どもの場合、細部を意識することが苦手だったり、自分で書いた文字の見直しができていなかったりすることが、漢字テストの得点が伸び悩む背景として考えられます。漢字を全く理解できていないというわけではないため、テストでは無解答はほとんど見られないものの、細かいところで減点されてしまいます。

おおよその漢字の形は認識できているため、自分では正しく書いたつもりになっていることが多いです。そのせいもあって、見直しの習慣が極端に少ないことがあるため、自分の書いた文字が正しいか、見直す習慣を身につけることが必要です。

漢字の全体像をとらえることはできているため、何度もくり返し書く必要はありません。97ページで紹介したような方法で、注目してほしい部分や、まちがいやすい部分だけを練習させるのもよいでしょう。

漢字を書くアプリで練習する

細部を意識することが苦手なタイプの子どもは、自分で答え合わせをしても、まちがいに気がつかないことがあります。そのため、修正したあとも同じまちがいをしたり、そもそも答え合わせ自体が正確にできていなかったりします。

こういった子どもが正しい文字を書くためには、漢字を書いたら即時に誤りが指摘されるアプリなどを活用するのが効果的です。コンピューターが判別した正誤判定については受け入れやすい子どもが多いため、まちがいに気がつくためのアイテムとしては有効です。

Case 12

作文で何を書けばいいかわからない

りほさんの家での様子

りほさんは、小学4年生です。友達と遊ぶよりも人形遊びが好きで、一人でも常にしゃべっています。
こんにちは、こんにちは…

特に読み書きが不得意なわけではないのですが、作文が苦手で、学校の授業中に書き終えることができません。

終わらない人は宿題ね

……

書き終えられなかった作文は自宅で続きを書くのですが、書きだすことが全くできず、保護者が考えたものを書いて提出していました。
こうしたら？

学年が上がるにつれて、本人の苦手意識が強まってきており、本人も保護者も心配になっていました。
困ったね…
書くのやだ

家庭でできるサポート例

専門機関に相談したところ、何をどのように書くか、方法がわかっていないようなので、「5W1Hの型はめ作文」を勧められました。
型はめ作文をやってみましょう

「いつ・どこで・誰と・何をして・どうなったか」に「どう思ったか」を書いたら、作文が書けることを説明すると、書くことができました。
いつ、どこで、誰と…
書けた！

家で練習を始めて1か月程度で、授業中に作文を書き終えられるようになり、苦手意識もほぼ克服することができました。
先生、できました！

日常生活の中でも「できないことに挑戦したい」という意欲が高まり、楽しそうに学校に通う様子に、保護者も安心しました。
いってきます！

型に当てはめて文を作り、ふくらませていきましょう

パターン化した練習をする

長文を書くことが苦手な子どもに、小学生向けの「5W1Hの型はめ作文」というパターンを用意することで、長文を書くことができるようになった事例です。

作文のような独自の表現が求められる学習では、型にはめることで自分らしい表現ができなくなるのではないかと心配になるかもしれませんが、パターンの中で学習することで基本を身につければ、次のステップに進むことができます。どの子どもも無意識に型を作り、組み合わせて作文を書いていています。それを見えるようにステップを踏んだのがパターン化といえるでしょう。

（わたし・ぼく）は、
いつ［きのう］、
どこ［公園］で、
だれ［妹］といっしょに、
なに［なわとび］をしました。
どうなった［20回とべた］ので、
どう思った［とてもうれしかった］です。

▲小学生向け「5W1Hの型はめ作文」の例

型に当てはめて文を作る

作文を書く場合には、いきなり書きだすのではなく、型を作って、そこに短い言葉や文を当てはめることで、だんだん長い文にしていきましょう。

「いつ」「どこで」「誰と」「何をして」「どうなったか」＋「どう思ったか」という基本の型の中で文字数が足りない場合は、「いつ＋天気やその日の様子」「どこで＋行事のくわしい説明」のように状況を足していくことで、長い文にも対応できるようになります。

自分で型はめするのが難しい子どもは、保護者との会話の中で、「誰と？」「ほかには？」「何をしたの？」「次に何をしたの？」と質問し、できごとを詳しくふくらませていくとよいでしょう。会話を保護者がメモして、それを見ながら型はめしていく方法も有効です。

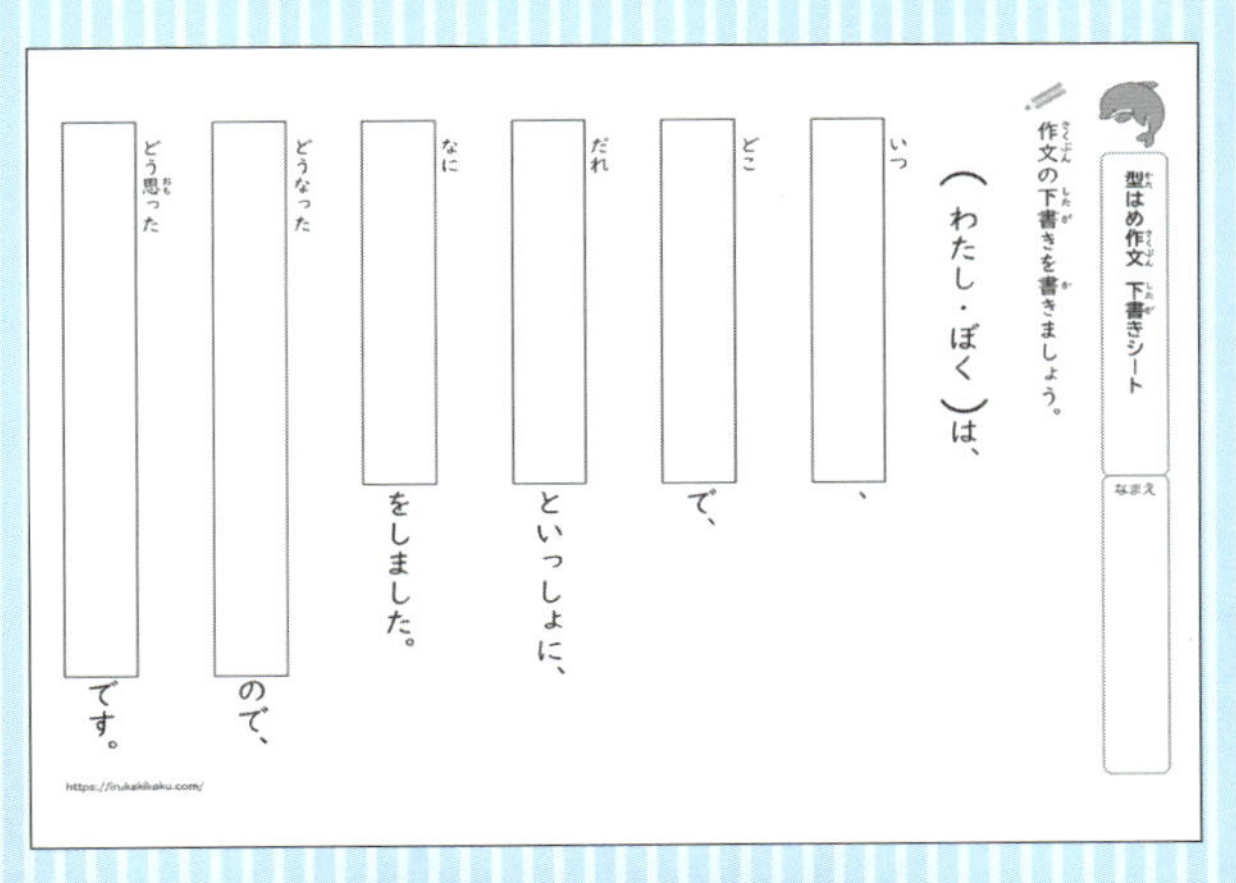
型はめ作文　下書きシート

なまえ

作文の下書きを書きましょう。

（わたし・ぼく）は、

いつ ＿＿＿＿、

どこ ＿＿＿＿で、

だれ ＿＿＿＿といっしょに、

なに ＿＿＿＿をしました。

どうなった ＿＿＿＿ので、

どう思った ＿＿＿＿です。

https://irukakikaku.com/

▲「型はめ作文　下書きシート」

Case 12
解説-2

「できた!」と感じる経験を増やしていきましょう

自分の言葉で説明するのが苦手な子ども

この事例のような子どもの場合、短い文であっても、自分の言葉で説明するのが苦手なことが多いです。国語のテストでは文で答える問題が無解答だったり、作文を書く時間になると鉛筆を持つことが難しかったりすることもあります。

そもそも、自分について語ることが苦手なタイプの子どもが多いため、自由に書く作文では伝えたいことを探すのに時間がかかります。ですので、作文は型に当てはめて書き進めることで、まずは原稿用紙を埋めることを目標にするのがおすすめです。その上で、型に慣れてきたら、情報を増やしていったり、子どもなりの新しい発見などを追加していったりするなど、次のステップに進みましょう。

日常の生活の中でも練習する

型はめ作文で練習するような、物事の内容を構成して文章にしていくスキルは、日常会話の中でも練習することができます。

毎日の学校のできごとを家族に言葉で説明したり、見たニュースを自分なりにまとめて家族に伝えたりすることで、話の構成を作って文章にする練習ができます。その際にも「小学生向け5W1H」を意識させましょう。〈「いつ」「どこで」「誰と」「何をして」「どうなったか」＋「どう思ったか」〉をカードにし、それを見ながら話すのもよいでしょう。

練習を重ねることで、「何を書けばいいのかわからない」という状態を、「5W1Hを書けばいいんだ」という感覚に変えていくだけで、文章を構成することができるようになっていきます。

また、このように苦手なことができるようになった経験が増えていくと、さまざまなことへのチャレンジ精神が高まるなど、二次的な効果も期待できます。

＼「見直し」で保護者ができること／

テストやプリントを解答したあとに行う「見直し」とは、自分の解答をもう一度確認して、正しいかどうかを判断した上で、まちがっていた場合にはそれを修正することを指します。

低学年のときには、保護者と一緒に「見直す習慣をつける」ことが大切でした。高学年になると、自分で答え合わせができるようになり、保護者が答えをチェックすることは少なくなってきます。したがって、高学年では、正しいかどうかを子どもが自分で判断できるようになることが必要です。

ほとんどの子どもが、自分の書いた答えを正しいと思い込んでいるので、「自分の答えにも、きっとまちがいがある」と思って確認することが大切です。また、「問題文の指示と解答の仕方が合っているか」「点や丸は正しくつけたか」など、自分がまちがえやすい部分に気をつけて見直せるようになることも大切です。

保護者は、子どもの「見直したら満点が取れてうれしい」「自分で修正できたらほめられたから、次もまた見直そう」などの気持ちを育てましょう。そのためには、うまく修正ができたときにはほめ、子どもと一緒に喜ぶことが大切です。

また、まちがえてくやしかったなどのネガティブな感情にも共感し、寄り添いましょう。そして、「次は気をつけよう」といったポジティブな感情に変換できるように、気持ちの面でのサポートを心掛けるとよいでしょう。

コラム4

第三者機関の活用

低学年のうちは、保護者と一緒に学習することもできますが、高学年になると、「自分でできるからいい」「一人でやりたい」などの自立心が芽生えてくるとともに、「まちがっているところを見られたくない」「保護者と一緒にやるのは恥ずかしい」など複雑な感情も生じてきます。そのため、保護者と一緒に学習するよりも、第三者機関を活用するほうが、学習効率が上がることがあります。次のような機関があるので、活用を検討するのもよいでしょう。

放課後等デイサービス

放課後もしくは長期休業時に、支援を必要とする子どもに対して、それぞれの特性に応じた発達支援を実施する機関です。学習支援にどの程度力を入れているかについては施設にもよるので、事前に情報収集したり、見学したりすることが大切です。

学習塾など

進学や受験対策だけではなく、基本的な学習を身につけるために塾を利用することもできます。塾だけではなく、家庭教師のような個別指導で、習得度に応じた学習をする方法もあります。最近では、パソコンを用いたリモート学習（オンライン授業）も選択肢の一つとして挙げられるでしょう。

おわりに

本書では、読み書きが苦手な子どもの学習支援に関する研究をもとに、家庭でも取り入れやすいサポート例を、その背景とともに紹介しました。

読み書きが苦手な子どもは、学校生活のほとんどの時間を、苦手なことをして過ごしているといえます。そのために、学校生活を前向きにとらえられていない子どももいるかもしれません。

学習が苦手でも楽しく生きていくことはできますし、宿題をやらなくても明日は変わらずにやってきます。苦手なことを無理にする必要はないですし、ときにはやりたくないことを避けることも必要です。

しかし、学ぶこと、成長することは、本来楽しいことです。子どもが、学習のやり方がわからなかったり、学ぶことの楽しさがわからなかったりしているのであれば、ぜひ本書で紹介したサポート例や教材を活用してみてください。

子どもは、遊びの中で発達していきます。言い換えると、楽しみを感じないものに長時間取り組ませることや、興味がないものに注意を向けることは難しいといえます。まずは、子どもの「これならできそう」「やってみようかな」という興味関心を、本書で紹介したサポート例や教材で刺激してみましょう。公園で楽しそうな遊具を発見したときや、新しい友達ができたときのわくわく感を感じることができるはずです。

そして、もし保護者のみなさんが、読み書きの学習に関して「この子にはきっとできないからやらせなくてもいい」という気持ちをもっているとしたら、「まずはやらせてみよう」という感覚に置き換えてみましょう。子どもの成長速度は保護者のみなさんが思うよりもずっと速いです。一週間前にできなかったことが今日はできるようになっていたり、日々の学校生活の中でさまざまなスキルを磨いて帰ってきたりします。苦手なことだけに注目せずに、「今日の子ども自身を見る」ことが大切です。どの子にも苦手なこともあれば得意なこともあります。子どもの特徴を把握しながら、日々の成長を楽しんでいきましょう。子どもが、「みんなと同じようにはできないけれど、前よりできるようになった」という感覚や、「まだまちがえることはあるけれど、うまく書けることも増えた」など、ポジティブな感情をもてるようになったら、学校生活も前向きなものに変わっていくのではないでしょうか。「明日また学校に行くのが楽しみ」「学習が楽しくなってきた」そんな声が一つでも増えるお手伝いができたらと思っています。本書が、子どもたちの健やかな発達の一助となれば幸いです。

2024年12月

成田まい

ダウンロード教材一覧

『読み書きサポートブック　小学校低学年』に掲載

P.45 カラー枠つき「かんじの れんしゅう」

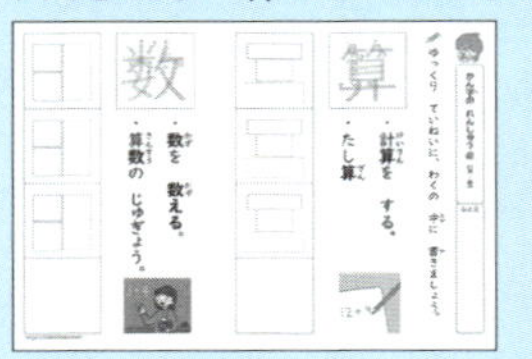

P.77「ゃ・ゅ・ょ・っ」フラッシュカード

P.83「ことばの　かくれんぼ　クイズ」

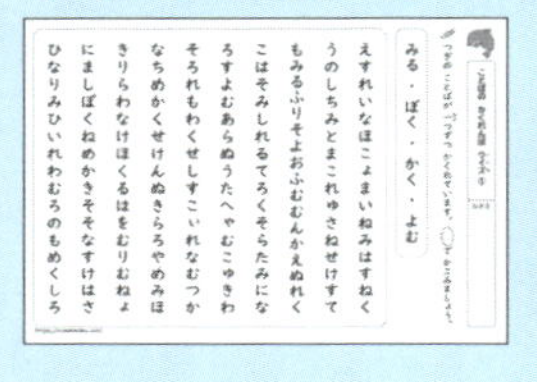

P.95「かんじの かきじゅんの きまり」

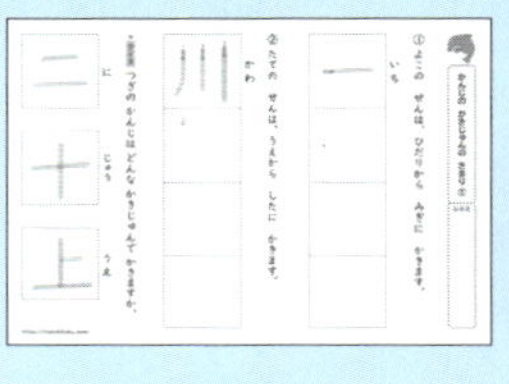

『読み書きサポートブック　小学校中高学年』に掲載

P.41 家庭学習用「おたすけカード」

P.69「文と文をつなぐ言葉」

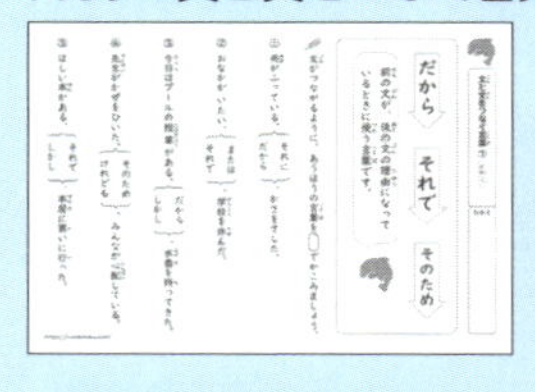

P.79「いろいろな読み方のある漢字」

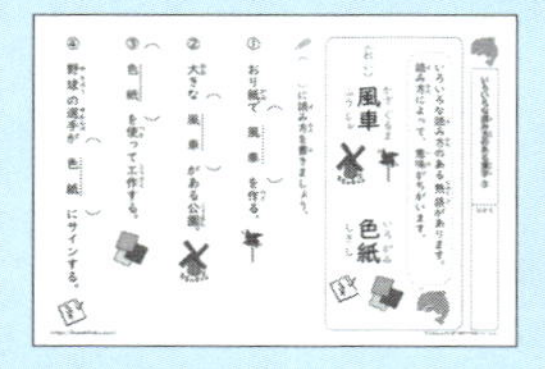

P.91「漢字の組み立てのきまり」

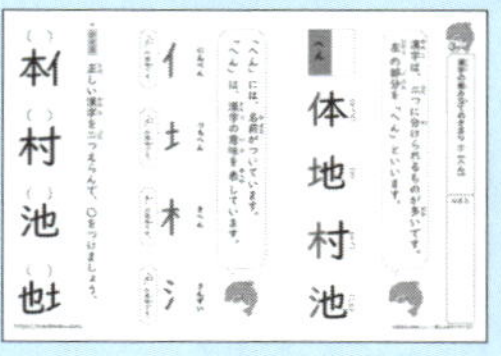

P.97「漢字あなうめクイズ」

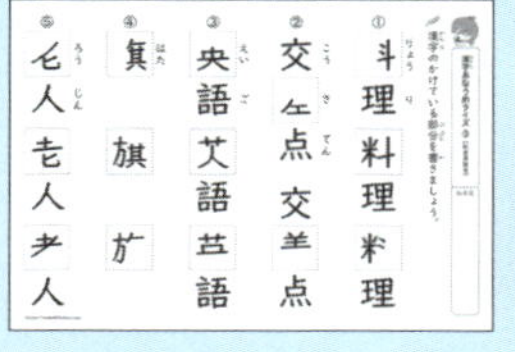

P.103「型はめ作文　下書きシート」

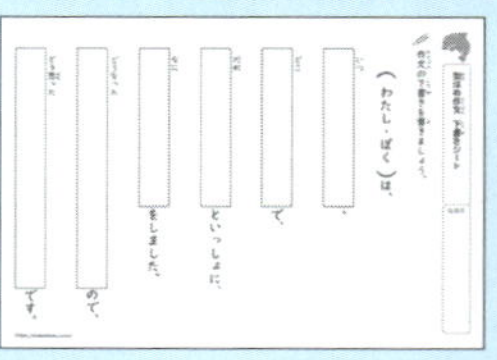

【参考文献・ホームページ】

・桂聖・廣瀬由美子（2012・2013）『授業のユニバーサルデザインを目指す 国語授業の全時間指導ガイド１年〜６年』東洋館出版

・黒川君江・青木美穂子・田中文恵・小林繁（2005）『〈教室で気になる子〉LD、ADHD、高機能自閉症児への手だてとヒント』（教育技術 MOOK）小学館

・小池敏英（2016）『LD の子の読み書き支援がわかる本』講談社

・小池敏英（2021）『プレ漢字ワーク』光文書院

・小池敏英・雲井未歓（2013）『遊び活用型読み書き支援プログラム』図書文化社

・小池敏英・雲井未歓・渡邉健治・上野一彦（2002）『LD 児の漢字学習とその支援』北大路書房

・小池敏英・中知華穂・銘苅実土・雲井未歓（2017）『「読めた」「わかった」「できた」読み書きアセスメント〜小学校版〜活用＆支援マニュアル』教育庁指導部特別支援教育指導課

・玉木宗久・海津亜希子・佐藤克敏・小林倫代（2007）「通常の学級におけるインストラクショナル・アダプテーションの実施可能性─小学校学級担任の見解─」『LD 研究』16, 62-72

・成田まい・佐藤一葉・中知華穂・小池敏英（2024）「小学校３〜６年生における文章の要点読解低成績の背景要因に関する研究─論理の接続詞「だから」「しかし」の文完成テストの低成績を中心とした検討─」『特殊教育学研究』62（1）, 1-13

・西澤幸見・中知華穂・銘苅実土・赤塚めぐみ・小池敏英（2019）「LD 児の漢字書字学習における保持促進に関する研究 漢字書字の言語手がかりのリマインド再学習の効果に関する検討」『LD 研究』28（1）, 72-85

・日本精神神経学会監修（2014）『DSM- ５精神疾患の診断・統計マニュアル』医学書院

・藤井温子・吉田有里・徐欣薇・岡野ゆう・小池敏英・雲井未歓（2012）「一斉指導で利用可能なひらがな単語読みの評価に関する研究─ひらがな単語連鎖課題による検討─」『特殊教育学研究』50, 21-30

・藤野博・日戸由刈（2015）『発達障害の子の立ち直り力「レジリエンス」を育てる本』講談社

・増田純子・大山帆子・銘苅実土・中知華穂・小池敏英（2018）「ひらがな単語の語彙性判断課題による読み障害児の音読困難の評価─2 文字単語課題と 4 文字単語課題に基づく検討─」『LD 研究』27（3）, 340-353

・Kazuha Sato, Atsuko Narukawa, Chikaho Naka, Mito Mekaru, Rimi Nakamura, Toshihide Koike.（2017）Risk Factors of Difficulty in Reading Comprehension at Third to Sixth Japanese Graders: The Effects of Understanding the Reversible Relationships.　Journal of Special Education Research, 5（2）, 23-34

・独立行政法人国立特別支援教育総合研究所「インクルーシブ教育システム構築支援データベース」
https://inclusive.nise.go.jp/（2024 年 10 月 25 日閲覧）

・文部科学省（2021）「障害のある子供の教育支援の手引〜子供たち一人一人の教育的ニーズを踏まえた学びの充実に向けて〜」
https://www.mext.go.jp/a_menu/shotou/tokubetu/material/1340250_00001.htm
（2024 年 10 月 25 日閲覧）

・文部科学省（2017）『小学校学習指導要領（平成 29 年告示）解説 国語編』

【監修者紹介】
小池 敏英（こいけ としひで）
尚絅学院大学特任教授。東京学芸大学名誉教授。博士（教育学）。
NPO 法人ぴゅあ・さぽーと理事長。専門は LD の子どもの認知評価と学習支援、発達障害や重症心身障害のある子どものコミュニケーション支援。主な書籍に『“遊び活用型”読み書き支援プログラム 学習評価と教材作成ソフトに基づく統合的支援の展開』（図書文化社、共編著）など。

【著者紹介】
成田 まい（なりた まい）
秋田こどもの心と発達クリニック 臨床発達心理士。
東京学芸大学教育学研究科修士課程修了。修士（教育学）。秋田こどもの心と発達クリニック・市立秋田総合病院小児科・秋田大学医学部附属病院にて心理士として発達臨床に携わる。専門は読解困難を主とした読み書き困難の認知評価とそれに基づく学習支援。保護者向け「LITALICO 発達特性検査」の学習領域を監修。

松尾 麻衣（まつお まい）（石井 麻衣）
NPO 法人ぴゅあ・さぽーと支援相談員。
東京学芸大学大学院連合学校教育学研究科修了。博士 (教育学)。社会福祉法人鶴風会西多摩療育支援センター等で心理士として勤務し、発達障害児者の診断、療育、保護者の相談などを担当。幼稚園、保育園、学校、特別支援学校の巡回相談にも携わる。2020 年 1 月から現職。公認心理師、臨床心理士。著書に『特別支援教育支援員ができること』（日本標準）など。

読み書きが苦手な子どもの「できた！」を増やす
家庭でできる！　読み書きサポートブック　小学校中高学年

2024 年 12 月 20 日　第 1 刷発行

監修者 ―――― 小池敏英
著　者 ―――― 成田まい・松尾麻衣
発行者 ―――― 河野晋三
発行所 ―――― 株式会社 日本標準
〒 350-1221　埼玉県日高市下大谷沢 91-5
電話　04-2935-4671
FAX　050-3737-8750
URL　https://www.nipponhyojun.co.jp/
まんが ―――― すぎやまかずみ
装丁・本文デザイン ― アイマージデザイン　平岡晴海
企画・編集 ―――― 岡 真由美
印刷・製本 ―――― 株式会社 リーブルテック

ISBN 978-4-8208-0761-2
◆乱丁・落丁の場合はお取り替えいたします。　◆定価はカバーに表示してあります。